좀비즈 어웨이

KB064096

안전가옥 쇼-트 12
배예람 단편집

넌 발이 빠르니까 괜찮아. 혜나는 그렇게 말하곤
했다.

하얀색으로 서툴게 그어진 직사각형의 금 안에
서 나는 이러지도 저러지도 못했다. 흙 위에서 서
로를 향해 공을 내던지는 게임 따위가 뭐라고 반
전체가 목숨을 걸고 달려든다. 나는 그 분위기에
홀로 적응하지 못하는 사람이었다. 공부며 다른 것
이며 어느 하나에도 특출하지 않고 그냥저냥이라
피구 실력도 그럴 줄 알았는데 예상이 엇나간 셈이
다. 공부도 다른 것도 그냥저냥인 나는 피구를 특
출하게 못했다. 사방으로 튀는 공을 잡아채며 으르
렁거리는 아이들 사이에서 길을 잃은 초식동물처
럼 종종거리다 죽기 일쑤였다. 나는 겁이 아주 많
았다. 혜나와 달랐다.

넌 발이 빠르니까 괜찮아. 혜나는 그렇게 나를 달래려 애썼다. 시원시원하게 쭉 뻗은 팔다리로 강속구를 날려 제 몫을 해내는 실력자인 주제에 같은 반도 아닌 내 옆에 찰싹 달라붙어 속성 과외를 해주지 못해 안달을 냈다. 빠른 건 좋은 거야. 일단 피하고 봐야지. 죽으면 끝이잖아. 내 손을 덥석 잡으며 오래오래 살아남자, 하고 속삭이던 혜나는 체육 대회에 목숨을 거는 아이들 중 하나였으나 나는 혜나가 밉지 않았다.

어떻게 미워할 수 있을까, 자신이 날린 공에 상대 팀이 우수수 떨어져 나가자 터져 나오는 환호성에 두 팔을 번쩍 들고 환하게 웃는 그 얼굴을. 공을 진지하게 잡고 목표 지점을 뚫어지게 바라보는 두 눈. 잠시 숨을 고르고, 공을 힘껏 뒤로 당겼다가 앞으로 날려 버리는 그 손. 몸짓에 맞춰 흔들리는 머리카락. 혜나는 나에게만 비밀이라는 듯 속삭였다. 살아남고 나면, 그다음에 필요한 건 집중이야.

나는 혜나에게 공을 받고 던지는 법을 배웠다. 살아남은 후에 집중하는 법을 익혔다. 혜나처럼 공을 안정적으로 붙들고, 힘껏 뒤로 당겼다가, 앞으로 날린다. 그 간단하고 단순해 보이는 과정이 왜 그리 어려운지 알 수가 없었다. 세상엔 아무리 속성 과외를 받아도 쉽게 익힐 수 없는 것들이 있다. 끊임없이 이어지는 연습 경기에서 나는 매번 구석을 돌아다니다 죽거나, 날아오는 공을 받을 생각도 못 하고 피하다가 금을 밟거나, 어쩌다 주운 공을 남에게 맥없이 넘겨주어 혜나를 속상하게 했다. 학생의 실력이 좀처럼 늘지 않으면 선생도, 학생도 지치기 마련이다. 혜나의 피구 과외는 매번 주저하는 학생 때문에 점점 지지부진해졌다. 겁 많은 학생과 열정적인 선생이 서로를 이해하지 못하는 건 당연했다.

그럼에도 혜나는 내 손을 잡고 웃었다. 이목구비 구석구석에 새겨진 서운함을 덮으려 애쓰며 결승전에서 상대 팀으로 만나자고 새끼손가락을 걸었다. 우리가 결승전에서 상대 팀으로 만난다면 그건 결코 내 활약 때문은 아닐 것이다. 난 혜나를 눈앞에 두고 초식동물처럼 숨어 다니다 멋없이 죽을 것이다. 그런 상상을 하면서도 혜나를 따라 손가락을 걸었다. 혜나를 결승전에서 만나려면 오늘 열릴 3반과의 예선전이 무엇보다도 중요했다. 나는 혜나에게 하고 싶은 말이 있었다. 하고 싶은 말을 하려면 배운 대로 해야 했다. 공을 받고, 던지고, 맞히는, 간단하고 단순해 보이지만 나에겐 너무 어려운 그 과정을.

아이들이 운동장에 가득 모여든 5교시의 풍경. 잔뜩 경직된 아이들 사이로 묘한 긴장감이 흐른다.

피구왕 재인

지나가는 바람에 흙먼지가 날렸다. 나는 초조하게 입술을 깨물면서 금 안에 흩어져 있는 아이들 틈으로 섞여 들었다. 우리의 진지함에 맞춰 주려는 듯, 심판을 보기 위해 한가운데에 서 있던 체육 선생님은 사뭇 경건한 얼굴로 호루라기를 불었다. 또 다른 예선전이 시작됐는지 멀리서 환호인지 비명인지 모를 소리가 들렸다. 하얀색 금 앞에서 나를 노려보고 있는 3반 반장은 기꺼이 전장에 제 한 몸을 바칠 준비가 된 군인 같았다.

3반 반장의 승부욕은 혜나보다 더했으면 더했지 결코 덜하지 않았다. 반 아이들을 공격수와 수비수로 분류해 위치를 지정하고 학익진 뺨치는 진법을 구사하며 고3치고는 과한 의욕을 보이곤 했다. 혜나가 있는 7반과 연습 경기를 치르면서 파죽지세였던 3반의 기세에는 처음으로 브레이크가 걸렸는데, 3반 반장이 공을 던지는 족족 몸을 날려 공을 받아 낸 혜나 때문이었다. 팽팽한 신경전 끝에 혜나네 반이 승리를 거머쥐었던 그 경기는 본 게임이 아니었는데도 불구하고 두고두고 이야깃거리가 되었다. 눈물이 고인 눈을 깜빡이지 않으려고 애쓰며 씩씩거리던 3반 반장의 오기도 덤으로 화제였다.

그날 이후로 3반 반장은 혜나와 내가 복도를 돌아다니기만 해도 눈에 불을 켜고 노려보았다. 운동장에서 이루어진 우리의 피구 과외를 봤기 때문이었을까, 항상 쌍으로 붙어 다니던 우리에게 말을 걸었던 어느 날의 일 때문이었을까. 3반 반장이 운동장 구석에서 깔깔거리던 우리에게 조심스레 다가와 인사를 건넸던 이유는 지금도 알 수가 없다. 분명한 건 혜나가 3반 반장을 탐탁지 않게 생각했고 괜히 날을 세워 틱틱거리는 혜나의 뒤에서 나또한 애매한 미소로 동조했다는 것뿐이다. 혜나는 우리만의 과외 시간이 방해받는 걸 싫어했다. 나와 자신 사이에 누군가가 끼어드는 걸 허락하지 않았다. 3반 반장이 말도 제대로 걸어 보지 못하고 나가떨어진 건 당연한 일이었다.

그 후로 3반 반장의 날카로운 시선 끝에는 매번 우리가 있었다. 혜나는 3반 반장의 분노를 무심하게 넘기는 척하며 나를 가르치는 데 모든 힘을 쏟아부었다. 열과 성을 쏟아 과외를 했음에도 내가 좀처럼 공을 던지지 못하자 혜나는 부쩍 속상하고 서운한 티를 냈다. 3반과 우리 반이 서로의 예선 상대로 결정된 날 나를 보던 그 얼굴. 내가 배운 대로 하지 못하리라는 걸 알면서도 할 수 있다고 거짓말하며 날 격려하던 그 얼굴. 나는 그 얼굴을 실망시킬 수 없었다. 우리는 결승전에서 만나기로 약속했고 우리의 약속에는 그 누구도 쉽사리 건드릴 수 없는 무언가가 있었다.

3반 반장의 든든한 오른팔이었던 부반장이 부상

을 이유로 빠진 탓이었을까, 게임은 생각 외로 우리 반에 유리하게 흘러갔다. 공의 움직임에 따라 파도처럼 금 안에서 모였다가 흩어지는 아이들 속에서 나는 발 빠르게 움직였다. 혜나가 바랐던 대로 오래 살아남았다. 아이들은 뜻밖에 활약하는 나를 보며 환호했다. 3반 반장의 얼굴이 붉어지고 있었다. 땀과 분노로 범벅이 된 얼굴이, 핏발 선 두 눈이 정확하게 나를 노려보았다. 지금은 그 분노를 함께 맞아 줄 혜나가 곁에 없었다.

게임이 마지막으로 치달은 시점에 3반 반장의 인내심은 한계에 다다랐다. 내가 외야에 있던 우리 팀 선수에게 건네기 위해 던진 공을 3반 반장이 무리해서 잡으려다 놓쳐 버리고 만 것이다. 정확히 말하면 내 탓이 아니었는데도, 3반 반장은 분에 못 이겨 나를 쳐다보면서 소리를 질렀다. 외야로 나간 후 3반 반장이 던지는 공의 대부분은 나를 겨냥했다. 나를 죽이기 위해 계속해서 공이 날아왔다. 처음 겪는 일이었다. 아무도 관심 가지지 않는 존재였다가 누군가의 목표물이 되는 일은 생각보다 짜릿했고 생각보다 더 공포스러웠다.

경기가 지나친 열기와 분노로 달아오르면 호루라기를 불어 중재에 나서던 선생님은 오늘따라 조용했다. 고개를 돌려 확인한 외야 라인 중앙에는 선생님의 발자국이 희미하게 남아 있을 뿐이었다.

혜나의 목소리를 떠올렸다. 살아남고 나면, 그다음에 필요한 건 집중이야. 가빠진 호흡을 차분하게 골랐다. 3반 반장의 목표물이 되었다 해서 그저 떨고 있을 때가 아니었다. 경기 중에 딱 한 번, 한 번만이라도 공을 잡아 제대로 던져 보겠다는 건 혜나와 나의 또 다른 약속이었고, 나 자신과의 약속이기도 했다. 약속을 지키고 싶었다. 의기양양한 얼굴로 혜나에게 하고 싶은 말이 있었다. 온 신경을 공 하나에만 집중했다.

매서운 공이 날아왔다. 재빠르게 몸을 돌렸다. 뒤에 서 있던 아이들과 발이 엉키면서 바닥을 굴렀다. 파란 체육복은 모래 범벅이 되었다. 주저앉은 채로 주위를 살폈다. 공이 어디로 가 버린 건지 찾고 있는데 등 뒤에서 3반 반장이 비명을 질렀다. 동시에 공이 나를 향해 빠르게 날아왔다. 누가 어디서 날렸는지 파악할 시간이 없었다. 반사적으로 공을 품에 안았다. 혜나의 특훈 덕분이었다. 뿌듯함에 자신만만한 얼굴로 우리 반 아이들을 향해 웃어 보였다. 금 너머로 나와 눈을 마주친 3반 반장이 다시 한번 비명을 질렀다. 나는 품에 안은 공을 내려다보았다.

그건 공이 아니었다. 3반 부반장의 머리였다.

부반장의 목은 너덜너덜하게 뜯겨 있었다. 끊어진 핏줄들이 목 아래로 길게 늘어져 흔들거렸다.

피구왕 재인

나는 3반 부반장과 아는 사이였지만 피에 젖은 모습을 보는 건 처음이었다. 질척하게 젖은 얼굴에 모래 알갱이들이 따개비처럼 다닥다닥 붙어 있었다. 따가울 것 같다는 생각에 모래 알갱이를 털어보려 했지만 잘되지 않았다. 붉게 변한 눈동자가 나를 물끄러미 응시했다.

피구에 열중하고 있던 아이들 사이로 튕겨 나간 머리가 날아온 순간 모든 게 순식간에 무너졌다. 찢어지는 비명 소리. 나는 3반 부반장의 머리를 놓치고 헛구역질을 했다. 부반장의 얼굴은 모랫바닥 위를 굴렀다. 또다시 비명. 나는 아이들의 외침을 따라 멍하니 고개를 들었다. 3반 부반장이 앉아 있던 운동장 스탠드 근처에서 체육 선생님이 달려오고 있었다. 선생님의 얼굴은 3반 부반장처럼 피범벅이었다.

체육 선생님의 별명은 봉암여고 피바다였다. 틈만 나면 자신 때문에 봉암천이 피바다가 됐다는 무용담을 늘어놓았기 때문이었는데, 그 허무맹랑한 이야기는 오래전부터 아이들의 놀림거리였다. 놀림에 장단을 맞춰 주기 위해 얼굴에 피 칠갑을 한 거라면 참 재미없는 장난이라고 생각했다. 피바다는 외야에 서 있던 아이들을 향해 몸을 날렸다. 누군가의 어깨가 피바다에게 물어뜯겼다. 수십 명의 비명이 섞여 머릿속을 뒤흔들었다. 비명은 운동장에서만 들리는 게 아니었다. 곳곳에서 들리고 있었다. 급식소에서, 중앙 현관에서, 학교 어딘가에서. 감염자들을 피해 도망치라는 긴박한 목소리가 교내 방송으로 흘러나오다가 뚝 끊어졌다. 교문 밖에서 앰뷸런스 소리가 들렸다. 우리 학교를 향해 오고 있는 걸까? 확신이 없었다. 혜나 생각이 났다.

혜나가 속한 7반은 우리 반과 체육 시간이 겹치지 않았다. 혜나는 학교 건물 안에 있었다. 나는 혜나에게 할 말이 있었다. 운동장을 달리기 시작했다. 혜나를 향해 달리기 시작했다.

운동장을 둘러싼 스탠드를 지나면 중앙 현관이 나온다. 혜나가 있을 3학년 7반 교실이 위치한 곳은 4층이다. 중앙 현관을 통해 계단만 빠르게 오르면 몇 분 안에 도착할 수 있다. 서둘러 운동장을 가로지르는 내 뒤로 3반 아이들이 피바다를 피해 달리고 있었다. 미처 피하지 못한 아이들이 내뱉는 고통스러운 비명이 귀에 박혔다. 3반 반장의 목소리가 비명에 섞여 들었지만 나는 차마 뒤를 돌아볼 수 없었다. 이를 악물고 스탠드를 기어올랐다. 눈앞에 중앙 현관이 보였다. 온몸이 덜덜 떨리고 정신을 차릴 수가 없어 제대로 움직이고 있는 건지 확신이 들지 않았다.

현관을 향해 막 달리기도 전에 다리에 힘이 풀

피구왕 재인

렸다. 건물 안에서 빠져나와 달리던 무리와 부딪혀 넘어졌다. 교복을 입은 수십 명의 아이들이 서로를 밟고 짓누르며 뛰고 있었다. 누군가는 피로 물든 팔을 담요로 꾹 누르고 있었고, 누군가는 거의 없다시피 한 다리를 끌었다. 나는 달리는 아이들의 뒷모습을 따라 운동장을 향해 시선을 돌렸다. 사람들은 교문을 향하고 있었다. 입안에 차오른 피를 뿜으며 달려드는 이들을 피해 담벼락을 오르고 넘어지고 바닥을 굴렀다. 모랫바닥에 피 웅덩이가 하나둘 고였다. 그 위에 힘없이 엎어진 누군가를 밟으며 사람들은 달리고 또 달렸다. 쓰러져 있는 사람 중에 언뜻 3반 반장이 있는 것 같아 고개를 돌려 버렸다.

학교 안에서 소름 끼치는 괴성이 몇 차례 울렸다. 또 수십 명의 아이들이 현관을 통해 달려 나왔다. 누군가가 주저앉아 있던 내 어깨를 붙잡더니, 팔 아래로 손을 끼워 넣어 몸을 일으켰다. 다급한 손이 내 팔을 잡아당겨서 나는 얼떨결에 교문으로 향하는 아이들 틈에 섞여 달리게 되었다. 앞장서 달리는 아이의 머리카락은 혜나의 머리카락처럼 어깨 근처에서 찰랑거렸다. 그 끝이 피로 젖어 있었다. 회색 조끼와 흰색 셔츠가 군데군데 붉게 물들었다. 혜나야? 나는 찢어지는 비명과 괴성 사이로 내 목소리가 들리길 바라며 물었다. 아이가 고개를 돌렸다. 혜나가 아니었다. 작년에 같은 반이었던 친구인데 이름이 기억나지 않았다. 이런 상황이 되면 잘 알던 것도 떠오르지 않는 모양이다. 우리는 어느새 급식소를 지나 교문을 눈앞에 두고 있었다.

나는 친구의 손을 떼어 냈다. 예상하지 못한 행동이었는지 손은 힘없이 떨어져 나갔다. 제자리에 멈춘 채로 나는 친구가 무리와 섞여 교문 밖을 향하도록 내버려 두었다. 친구는 잠시 뒤로 돌아 내 얼굴을 보았다. 시선이 잠깐 마주쳤다. 그게 끝이었다. 친구는 이번엔 옆에서 담요로 상처를 누르고 있는 다른 아이를 부축하며 교문 밖으로 나갔고 나는 다시는 그 친구를 보지 못했다.

피가 튀고 살점이 떨어져 나가고 비명이 난무하는 세상에서 내 곁에 잠깐 머물러 준 온기 때문에, 주저앉아 있는 누군가를 내버려 두지 못한 상냥함과 친절함 때문에 나는 울고 싶어졌다. 이를 악물었다. 뒤로 돌아 교문을 등지고 달리기 시작했다. 쏟아져 나오는 사람들 사이에서 오직 나만이 학교를 향하고 있었다. 몰려드는 사람들을 비집고 헤치며 반대쪽으로 뛰었다. 상처를 부여잡고 달리던 사람들이 하나둘 바닥에 쓰러졌다. 중앙 현관 앞은 비명과 괴성을 내지르는 이들로 가득했다. 무서웠다. 도저히 그곳을 정면 돌파할 엄두가 나지 않았다.

나는 지나쳤던 급식소 앞으로 되돌아가 멈춰 섰

피구왕 재인

다. 급식소는 학교 건물 1층 한구석을 차지하고 있다. 급식소를 통해서도 충분히 4층의 3학년 7반까지 갈 수 있다. 혜나에게 갈 수 있다.

급식소 안은 고요했다. 점심시간이 끝난 지 오래되지 않은 터라 아직 치우지 못한 식판들이 널려 있었고 잔반이 가득 담긴 통을 끌고 다니는 수레가 한가운데 놓여 있었다. 한쪽 손으로 수레의 바퀴를 쥐고 쓰러져 있는 아주머니가 없었다면, 식판 위에 남은 반찬 대신 뜯겨 나간 내장 따위가 놓여 있지 않았다면, 바닥에 엎어진 김치찌개 국물에 붉은 피가 스며들고 있지 않았다면 평소와 같은 모습이라고 생각했을 것이다. 내가 30분 전에 한 그릇 깨끗하게 비웠던 김치찌개 국물에 누구의 것인지 모를 손가락이 놓여 있었다. 밖으로 달려 나가 먹은 것들을 풀숲에 모조리 게워 냈다.

김치찌개를 모조리 뱉어 낸 뒤에야 정신이 들었다. 영화나 웹툰 속에서나 일어날 일이 봉암여고에서 벌어지고 있었다. 3반 부반장의 머리가 날아왔고 피바다가 친구들을 공격했고 사방에 피가 고였다. 교내 방송에서는 감염자들을 피해 도망치라고 했다. 감염자들은 피바다 같은 사람들을 말하는 걸까? 감염자에게 물리면 어떻게 되는 걸까? 물리지 않고 혜나에게 갈 수 있을까? 살아남을 수 있을까? 그래도 가야 했다. 풀숲 사이에 쭈그려 앉은 채 한

참 동안 심호흡을 했다.

급식소는 바깥의 상황 따위 상관하지 않는다는 듯 평화로웠다. 두려움에 덜덜 떨고 있는 나를 제외하면 육안으로 보기에 움직이는 것은 없었다. 나는 조심스레 안으로 들어서며 수레를 붙잡고 누워 있는 아주머니를 지나쳤다. 갈기갈기 뜯긴 아주머니의 허리 밖으로 빠져나온 것들에 시선을 두지 않으려고 노력했다. 줄줄이 놓여 있는 거대한 테이블 사이를 조용히 걸었다. 얼룩이 진 아이보리 테이블. 그 위를 채우고 있는 피 웅덩이에서 핏방울이 똑똑똑, 일정한 속도로 바닥을 향해 떨어졌다. 나는 급식소에서, 이 테이블에 앉아서 혜나를 처음 만났다.

너 그거 안 먹으면 나 주라.

그날 점심의 메인은 생선가스였다. 모름지기 급식이란 김치 하나, 메인이라고 하기엔 뭔가 아쉬운 밑반찬 하나, 그리고 그날의 식사를 책임지는 메인 메뉴 하나까지 세 가지 반찬이 모여 삼박자를 이루기 마련인데, 메인으로 그 어떤 반찬이 나와도 곧잘 먹는 내가 유일하게 싫어하는 게 바로 그 생선가스였다. 돈가스도 아니고 생선도 아닌 애매한 맛에 더해지는 하얀색 소스. 1학년이었던 나는 손도 대지 않은 생선가스를 노려보며 친구들과 불평을

피구왕 재인

나누었다. 그사이에 나보다 머리 하나는 커 보이는 아이가 성큼성큼 다가와 내 옆에 섰다. 선선해진 날씨에 맞춰 긴팔 체육복을 입고 있었는데 팔다리가 어찌나 긴지 체육복이 짧아 손목이 다 드러나 보였다. 어깨 근처에서 찰랑거리는 머리카락이 부드러울 것 같아 건드려 보고 싶었다. 파란 체육복에 자수로 새겨진 이름을 확인했다. 이혜나.

너 그거 안 먹으면 나 주라.

처음 보는 얼굴, 처음 듣는 목소리. 아니, 솔직히 말해 처음 보는 얼굴은 아니었다. 키가 크고 팔다리도 길쭉한 혜나는 성격까지 시원시원해 어디에 있든 주의를 끌 수밖에 없었으니까. 훤칠하고 친구도 많고 장난기도 많아 보이는 옆 반 애. 그런 애가 갑자기 다가와서 진지하게 말을 거는 바람에 나는 당황한 얼굴로 주위를 살폈다. 다른 아이들의 식판은 거의 비어 있었으니 나를 보며 한 말이 분명한 것 같았다.

이거?

조금 전까지 내가 노려보고 있던 생선가스를 가리키자 혜나는 고개를 끄덕였다. 먹을 생각도 없었는데 잘됐다고 생각했다. 태연해 보이려고 노력하며 젓가락으로 생선가스를 집었다. 근처에 있던 제자리로 달려간 혜나가 식판을 가지고 돌아왔다. 깨끗하게 비워져 있는 식판 위에 내 몫이었던 생선가스를 놓자 혜나는 환하게 웃었다. 그렇게 크지 않은 눈이 웃을 때는 거의 사라지듯이 휘어졌다.

고마워. 잘 먹을게.

자리로 돌아가는 혜나를 잠시 바라보았다. 이상한 사람이다. 그렇게 생각했다. 생선가스가 놓여 있던 자리에, 하얀 소스가 남아 있는 자리에 자꾸 시선이 머물렀다.

날카로운 괴성이 나를 깨웠다. 급식소 입구에 누군가 서 있었다. 너덜너덜하게 찢긴 교복 조끼 사이로 튀어나온 창자를 대롱대롱 매달고 있는 아이였다. 눈과 코와 입에서 쏟아진 피가 얼굴에 말라붙어 있었고 한쪽 눈이 있어야 할 자리에는 검붉은 상처뿐이었다. 그나마 보이는 다른 쪽 눈은 붉었다. 핏발 선 3반 반장의 눈처럼. 감염자가 분명하다. 각종 공포 영화를 통해 습득한 지식과 본능이 동시에 외치고 있었다. 저 아이는 감염되었고, 나는 영화 속 인물들이 그랬듯이 감염자를 피해 도망쳐야 했다.

저 아이는 아직 나를 보지 못했다. 조심스레 뒷걸음질 쳤다. 바닥에 엎어져 있던 물컵이 내 발에 닿아 식판과 부딪히며 시끄러운 소리를 냈다. 망할 놈의 물컵. 어디에 닿아도 와장창 소리를 내는 저 스테인리스 물컵. 입구에서 소리를 지르던 아이는

피구왕 재인

나를 발견했다. 가슴팍에 붙어 있는 명찰의 색이
내 것과는 달랐다. 2학년이다. 나는 다시 한번 주춤
주춤 뒤로 물러났다. 아이가 나를 향해 달렸다. 나
는 뒤로 돌아 테이블 사이를 뛰기 시작했다. 두려
움이 머리끝에서 발끝까지 밀려들어 온몸을 휘감
았다. 밖으로 튀어 나갈 것처럼 뛰는 심장, 공포, 괴
성, 시끄러운 스테인리스 물컵, 그 사이로 혜나의
목소리가 들리는 것 같았다. 넌 발이 빠르니까 괜
찮아. 이를 악물었다. 겁이 났다. 죽고 싶지 않았다.
붉게 변한 눈으로 혜나를 바라보고 싶지 않았다.

곧바로 학교 내부로 이어지는 출구를 향해 달리
려 했지만, 아이는 생각보다 더 빠르게 나를 따라
왔다. 날 쫓는 아이를 피해 테이블 맞은편으로 재
빠르게 돌았다. 아이가 검게 변한 이를 드러내며
내 발목을 잡아채기 직전에, 바닥에 놓여 있는 식
판 하나를 주워 들었다. 달려오는 아이를 겨냥해
식판을 던졌다. 식판은 내가 노렸던 머리를 맞추지
못하고 어깨에 부딪혔다. 아이는 끔찍한 비명을 지
르며 몇 걸음 뒤로 물러났다. 그 순간을 놓치지 않
고 다시 달렸다.

급식소 안을 크게 한 바퀴 돌며 식판 외에 사용
할 만한 것들이 없을지 살폈다. 죽은 아주머니가
굳게 붙잡고 있는 수레를 빼앗아 세게 밀었다. 힘
을 실었지만 부족했던 모양이다. 바닥에서 주욱 미

끄러지던 수레는 얼마 가지 못한 채 멈춰 버렸고, 아이는 수레를 쉽게 피해 나에게 걸어왔다. 탑처럼 쌓인 스테인리스 컵들을 모아다가 아이를 향해 던졌다. 바닥에 떨어지는 소리만 시끄러웠지, 컵은 아이에게 아무런 타격도 주지 못했다. 그리고 타이밍 좋게도, 뒷걸음질 치던 나는 피 웅덩이에 미끄러져 내장과 창자가 널려 있는 바닥에 주저앉고 말았다. 아이가 내 위로 몸을 던졌다.

처음 대화해 보는 사람한테 생선가스를 빼앗긴 그날 이후로 나는 급식 표를 받을 때마다 생선가스가 나오는 날을 체크하게 되었다. 다행히 봉암여고 급식소는 한 달에 두세 번씩은 꼭 생선가스를 내놓았고 나는 노란 형광펜으로 생선가스라는 메뉴 이름을 반듯하게 칠해 두었다. 나의 취향을 아는 친구들은 내 급식 표를 볼 때마다 고개를 갸웃거리며 의문을 표했다. 그다음 생선가스가 나오던 날, 당연하다는 듯 또 내 옆으로 다가온 혜나는 아예 식판을 들고 있는 채였고 이번엔 내가 먼저 물었다.

생선가스 받으러 왔어?

응.

나는 젓가락으로 생선가스를 들어 저번처럼 혜나의 식판 위에 옮겨 주었다. 그때처럼 고맙다고 말하고 사라지겠거니, 막연한 예상을 하고 있는데 불쑥 내 얼굴 앞에 바나나우유 하나가 나타났다. 네모난 갑 안에 든 우유는 내가 급식 표에 특별히 하트를 그려 둔 메뉴 중 하나였다. 나는 이미 빨대가 꽂히고 쪼그라든 내 우유갑을 보여 주며 말했다.

나 벌써 마셨는데.

그래도, 생선가스값.

내 손에 우유를 쥐어 주고 그때처럼 환하게 웃으며 돌아서던 모습. 또다시 자연스레 휘어진 두 눈. 질끈 감지 않아도 사라지다시피 모습을 감춘 눈동자.

헤나의 반짝이던 두 눈 대신, 낯선 후배의 한쪽만 남은 붉은 눈이 나를 노려보고 있다.

반사적으로 옆에 놓인 식판을 들어 덤벼드는 얼굴을 막았다. 아이의 이빨이 식판에 부딪혔는지 까득거리는 소리가 났다. 키도 몸집도 비슷한 탓에 힘이 비등했다. 검은 이빨이 내 목덜미 근처를 스쳤다가 물러났다. 피가 덕지덕지 말라붙은 손가락들이 내 팔과 어깨를 할퀴었지만 아이의 손톱은 그리 길지 않은 편이었고 봉암고 체육복은 생각보다 질겼다. 입술을 악물고 식판을 있는 힘을 다해 밀었다. 아이가 뒤로 나가떨어졌다. 나는 바닥에 널린 내장 덩어리들 사이를 더듬거렸다. 물컹거리는 감촉 사이로 단단한 무언가가 잡혔다. 나는 피웅덩이를 딛고 벌떡 일어났다. 아이도 짐승처럼 목을 긁는 소리를 내며 몸을 일으켰다. 지금이 아니면 안 된다는 생각이 들었다. 동시에 무서워졌다. 지금이라면 해도 되는 것일까? 학교를 거닐다 한 번쯤은 분명히 마주쳤을 아이다. 나는 손에 잡힌 것을 붙잡고 휘둘렀다.

한쪽 눈이 사라진 그곳에, 검붉은 상처만 남은 그곳에 쇠젓가락 세 개가 꽂혔다. 들쑥날쑥 각각 제멋대로 꽂힌 젓가락들은 꼭 바늘꽂이에 박힌 바늘들 같았다. 아이가 입을 벌렸다. 그 안에서 검붉은 피가 쏟아져 나왔다. 제자리에 가만히 서 있던 아이의 무릎이 천천히 접혔고, 아이는 그대로 앞으로 무너졌다. 얼굴이 바닥에 처박히면서 젓가락들이 더욱 깊숙하게 살을 파고들었다. 나는 피와 내장으로 범벅이 된 채 이름 모를 아이의 최후를 혼자 지켜보고 있었다.

수요일 석식 시간마다 나는 홀로 남겨졌다. 친구들이 모조리 동아리 활동을 하는 탓이었다. 동아리 모임은 보통 수요일 야자 시간에 이루어졌다. 친구들은 수요일만 되면 신이 나서 밥을 먹는 둥 마는 둥 하고 재빠르게 사라졌다. 그다음 생선가스가 나온 건 하필 수요일 저녁이었다. 이번에도 식판을 들고 내 자리로 오려던 혜나는 혼자 앉아 있는 나를 보고 눈을 동그랗게 떴다. 조심스러운 얼굴로 혹시… 하고 운을 떼려 하기에 먼저 선수를 쳤다.

피구왕 재인

애들 다 동아리 하러 갔어. 아, 하고 고개를 끄덕인 혜나는 내가 주는 생선가스를 얌전히 받아 갔다. 그리고 몇 분이 지나지 않아 돌아오더니 내 맞은편에 식판을 내려놓고 자리를 잡았다.

왜 여기 앉느냐고 눈으로 묻자 혜나는 어깨를 으쓱이며 내 친구들도 다 동아리 하거든, 하고 중얼거렸다. 거짓말이라고 하기엔 너무 천연덕스러웠고 때맞춰 조금 떨어진 곳에 앉아 있던 혜나의 친구들이 단체로 식판을 정리하며 일어났다. 야, 먼저 간다! 혜나의 친구들은 혜나처럼 쩌렁쩌렁하게 인사했고 혜나는 성의 없이 손을 팔랑팔랑 흔들었다. 젓가락으로 생선가스를 조각내던 혜나는 문득 젓가락을 내려놓고 귤을 내밀었다. 나는 고개를 흔들었다.

괜찮아.

그래도, 생선가스값인데.

앞에 앉았으니까 그냥 같이 먹자.

그렇게 재밌는 말도 웃긴 말도 아니었는데, 혜나는 또 웃었다. 나는 혜나가 생선가스를 입으로 넣는 모습을 보았다. 혜나의 얼굴은 하얬고, 머리카락은 빛이 닿을 때마다 옅은 갈색을 띠었다. 크지 않은 두 눈은 끝이 살짝 올라가 있었고 웃을 때면 가끔 코가 찡긋 움직였다. 나는 내 몫의 귤을 들었다. 혜나도 나를 따라 귤껍질을 까기 시작했다. 껍질을 벗기고 그 안에 붙어 있는 하얀 속껍질까지 하나하나 떼는 손가락은 굉장히 신중했고 조심스러웠다. 나는 혜나가 귤을 까는 속도에 맞추어 천천히 귤을 입안으로 집어넣었다.

그 이후로 혜나와 나는 친구들이 모두 떠나 외로운 수요일 석식 시간을 함께하게 되었다. 생선가스가 나오지 않아도 혜나는 종종 제 몫의 우유나 과일을 주려 했다. 나는 가끔은 거절했고 또 가끔은 능청스럽게 받아먹었다. 우리의 첫 번째 약속이었다. 수요일 저녁을 함께 먹는 것이. 기묘하게 시작된 첫 번째 약속이 여러 번 이행되었을 무렵, 혜나는 사실 나 생선가스 별로 안 좋아한다? 하고 고백하듯 털어놓았다. 코를 찡긋거리고 웃으면서.

시간이 얼마나 지났는지 모르겠다.

정신을 차렸을 때 나는 여전히 피 웅덩이 위에 앉아 있었다. 눈앞에는 엎어진 아이의 뒤통수를 뚫고 나온 젓가락들이 보였다. 몇 번이고 미끄러질 뻔하며 자리에서 일어났다. 좀처럼 힘이 들어가지 않아 볼품없이 흔들리는 다리로, 핏자국을 지익지익 바닥에 남기면서 아이를 향해 다가갔다. 가만히 쓰러져 있는 몸에 손을 올렸다. 몸은 차갑다 못해 싸늘하게 식은 상태였다. 나는 아이의 어깨를 붙잡고 몸을 일으킨 다음, 바닥에 똑바로 눕혀 주었다.

피구왕 재인

젓가락이 듬성듬성 꽂혀 있는 한쪽 눈과, 핏물이 말라붙은 입가, 검은 이빨, 빨간 눈동자. 그런 것들을 바라보다가 노란색 명찰로 시선을 돌렸다. 핏자국 때문에 이름을 확인할 수 없었다. 나는 명찰을 떼어 내고 체육복으로 핏자국을 닦아 보았다. 손톱으로 말라붙은 것들을 긁어내자 이름이 보였다. 김지현.

나는 명찰을 원래 있던 자리에 다시 달아 두었다. '지현이'의 얼굴을 보고 있자니 그제서야 참고 있던 울음이 끓어올랐다. 지현이와 단둘이 남은 급식소에서 엉엉 소리 내며 울음을 터트렸다. 나는 김지현을 죽였다.

내 울음은 오래가지 못했다. 수레를 끌다 돌아가신 아주머니께서 내 울음소리를 알람으로 삼은 것마냥 꿈틀거리며 몸을 일으키려 했기 때문이었다. 나를 알아보고 반찬을 하나 더 올려 주시던 아주머니와 싸우고 싶지 않았다. 나는 아주머니가 완전히 일어나기 전에 출구를 향해 재빠르게 달렸고 학교 건물 안으로 들어가 계단을 올랐다.

이어지는 계단으로 3층까지 돌파했지만 더 이상 올라갈 수 없었다. 3층에 도착한 내 발소리가 층계참에 울리자 머리 위에서 소름 끼치는 괴성이 들린 탓이었다. 고개를 들자 언뜻 보인 얼굴은 피투

성이었다. 잔인하게도 익숙한 얼굴이었다. 평소 개
량 한복을 즐겨 입는 사회 문화 선생님. 그는 거구
의 성인 남성이다. 만약 잡히게 될 경우엔 아까 지
현이와 했던 힘겨루기는 시도조차 할 수 없을 터였
다. 그가 나를 향해 걸음을 옮기기도 전에 달렸다.
다행히 그는 몸집이 큰 만큼 아주 느렸다. 수업 중
에 조는 학생에게 화를 내는 대신 잠을 깨라며 사
탕을 건네주던 그였다. 그가 느리게 걷는 건 내가
도망칠 시간을 벌어 주기 위해서일까?

디귿 자로 꺾여 있는 긴 복도를 달렸다. 위로 올
라가는 계단은 두 개가 더 있다. 교무실이 있는 중
앙 쪽 계단, 늘어선 교실들 끝에 있는 우측 계단.
중앙 계단을 노리고 달렸다. 핏자국이 덕지덕지 남
은 텅 빈 복도에는 내 발소리만 탕탕탕 힘차게 울
렸다. 그 소리를 들었는지 교실에 남아 있던 사람
들이 하나둘 나를 뒤따르기 시작했다. 그들의 얼굴
은 모두 하나같이 끔찍했다. 여기저기에 핏덩이가
붙어 있어 눈앞이 제대로 보일까 의심스러울 정도
였다. 나를 보고 따라오는 건지, 내 발소리를 듣고
따라오는 건지, 아니면 둘 다인 건지 알 수 없었다.

큰 소리를 내지 않기 위해 신발을 벗어야 했다.
피와 오물로 더러워진 운동화를 가차 없이 버리고
양말 바람으로 복도를 내달렸다. 뒤를 돌아보니 대
여섯 명의 사람들이 나를 뒤따라오고 있었다. 누군

피구왕 재인

가는 멈추지 않고 달려야 겨우 따돌릴 수 있을 정도로 빨랐고, 또 누군가는 걸어도 피할 수 있을 정도로 느렸다. 달리던 나는 잠시 멈춰 섰다. 제일 앞에서 피를 뱉으며 달려오는 사람의 얼굴이 익숙했다.

3반 반장. 조금 전 5교시에 하얀 금 너머로 노려보았던 상대.

3반 반장이 저렇게 변한 건 누구 때문일까? 피바다 선생님 때문일까? 감염된 뒤로 누군가를 쫓다가 운동장에서 여기까지 오게 된 걸까? 떠오르는 물음에 대답을 줄 사람은 없었다. 3반 반장은 사회 문화 선생님과는 다르게 무서울 정도로 빨랐다. 핏발이 서 있던 두 눈은 이제 온통 붉은색이었다. 3반 반장은 나를 향하고 있었다. 나를 노리고 공을 던지던 그 순간처럼 명확하고 분명하게, 나를 죽이기 위해 달려오고 있었다. 뚜렷한 살의에 등골이 쭈뼛해졌다. 꿈을 꾸는 것 같았다. 도망치려는데 자꾸만 걸음이 느려졌다. 곳곳에 고여 있던 피 웅덩이들이 젤리처럼 발바닥에 달라붙었다. 이번에도 혜나는 내 옆에 없었다. 혜나가 없다. 그 짧은 문장 하나가 나를 자꾸만 휘청이게 했다.

1학년의 마지막 날, 종례가 끝나지 않은 우리 반 앞에서 폴짝거리던 혜나를 기억한다. 슬쩍 손을 흔들어 주자 무언가를 전하려던 입. 뭐라고? 소리 없이 묻자 혜나는 손가락을 두 개 들어 보이고, 통지서를 펄럭거리다가 손가락으로 나를 가리켰다. 너는? 그렇게 묻는 것 같았다. 침을 꿀꺽 삼켰다. 나중에 확인하려고 성의 없이 버려둔 반 배정 통지서 아래쪽에는 '2'라는 숫자가 적혀 있었다. 혜나와 같은 2반. 나는 혜나처럼 손가락을 두 개 들어서 보여 주었다. 혜나의 눈이 왕방울만 하게 커졌다. 양팔을 번쩍 들고 복도에서 빙글빙글 도는 혜나를 발견한 우리 반 담임이 우스갯소리를 했다. 쟤는 누군데 우리 반 앞에서 저러니. 창문 너머를 바라본 아이들이 소리 내어 웃었다. 혜나를 아는 아이도 모르는 아이도 웃을 수밖에 없는 광경이었다. 모두가 웃는 와중에도, 웃음소리를 알아채고 더 과장되게 빙글빙글 도는 와중에도 혜나의 시선은 나를 향하고 있었다. 그게 나를 기쁘게 했다.

빙글빙글 돌던 혜나를 생각했다. 눈을 왕방울만 하게 뜨고 웃던 혜나를 생각했다. 나는 애써 다시 뛰기 시작했다. 핏물에 축축이 젖은 양말이 이미 피로 얼룩진 복도에 내 흔적을 하나둘 더했다. 모퉁이를 돌았다. 시야에 2학년 교무실 명패가 들어왔다. 그 옆으론 교직원용 화장실이 있었다. 나는 나를 쫓는 이들보다 앞서 교무실 앞 복도에 다다랐다.

혜나는 성적을 상위권으로 유지했고 운동을 곧

피구왕 재인

잘 했고 친구가 많았다. 모두와 적당히 잘 지내고 뭐든 적당히 잘하는 아이. 그런 혜나를 보고 있으면 불안했다. 모두가 웃는 와중에도 나만을 담았던 시선이, 온전히 나를 향했던 두 눈이 어느새 다른 곳을 바라보게 될 것 같았다. 그런 마음을 한 번도 입 밖으로 내뱉은 적이 없는데도 혜나는 샘솟는 내 불안과 상상을 자신만의 방법으로 잠재우곤 했다.

2학년 때 혜나는 교무실 청소를 맡았다. 아쉽게도 나는 교실 담당이라 교무실 곳곳을 돌아다니며 팔랑거리던 혜나를 제대로 본 적이 없었다. 딱 한 번, 야자 시간에 친구들과 과자를 먹으며 시시덕거렸다는 이유로 교무실 앞 복도에 무릎을 꿇고 앉아 있어야 했던 적이 있는데, 청소하는 혜나를 본 건 그때가 유일했다. 대걸레를 들고 씩씩하게 돌아다니던 혜나는 선생님들 한 명 한 명에게 말을 걸다가, 갑자기 복도로 쪼르르 달려 나왔다. 내 앞으로 다가와서 킥킥대던 그 얼굴. 찡긋거리던 코.

놀리러 온 거면 가라.

잠시만.

혜나는 체육복 주머니를 뒤적이다 무언가를 꺼내 들었다. 사탕 더미였다. 우와, 미쳤다. 함께 꿇어앉아 있던 누군가가 중얼거렸다. 교무실 안을 바삐 돌아다니던 이유가 그것이었던 모양이다. 무슨 맛? 혜나의 물음에 신중하게 사탕 더미를 살폈다.

청포도, 우유, 홍삼, 커피… 청포도. 내가 대답하자 혜나는 청포도 사탕의 포장을 벗기고 연둣빛의 동그란 사탕을 내 입에 쏙 넣었다. 이혜나, 나도 줘! 투덜거리는 친구들에게 혜나는 남은 홍삼과 커피 맛 사탕을 강제로 넘겼다. 청포도를 갈구하는 얼굴들을 향해 이건 안 돼, 하고 단호하게 거절했다. 이혜나 청소 안 하고 거기서 놀고 있냐? 선생님이 복도로 얼굴을 내밀었고 혜나는 남은 청포도 사탕을 모조리 내 주머니에 쑤셔 넣은 뒤 교무실 안으로 사라져 버렸다. 입안에 퍼지는 달달하고 상큼한 청포도 맛. 친구들의 요청을 단호하게 거절하던 목소리. 사탕을 밀어 넣을 때 내 입술에 살짝 닿았던 혜나의 손가락. 그런 것들은 내 기억 속에 오래오래 남아 불안과 두려움을 모조리 사라지게 했다. 한편으로는 야자 시간에 펼쳐 둔 문제집에 집중하지 못하게 만들었다.

교무실 복도에는 사탕 대신 사탕처럼 동글동글한 눈알들이 피 웅덩이 속에 놓여 있었다. 나는 멈춰 서서 몇 번이고 헛구역질을 했다. 더 이상 뛸 수 없었다. 숨이 턱까지 찼고 발목이 자꾸 꺾였다. 잠시 벽을 짚고 서서 숨을 골랐다. 창문 너머로 바라본 교무실 안은 엉망이었다. 한때 나를 가르쳤던 사람들이 시체가 되어 널려 있었다. 혹은 비틀거리며 교무실 안을 배회하고 있었다. 내 격한 숨소리

피구왕 재인

와 발소리를 들었는지 선생님들은 몸을 괴상하게 뒤틀면서 천천히 문을 향해 다가왔다. 교무실 문틈을 깨진 손톱들이 더듬거렸다.

등 뒤에서 퍽, 하고 무언가 부서지는 소리가 났다. 3반 반장이었다. 빠르게 달려오다 속도를 늦추지 못하고 벽에 부딪힌 모양이었다. 내가 들은 건 3반 반장의 뼈가 으스러지는 소리였다. 3반 반장의 피가 벽에 그라피티처럼 흩뿌려졌다. 핏물이 흐르는 눈은 그 상황에서도 여전히 날 보고 있었다. 부서지고 꺾인 몸이 로봇처럼 움직이며 자세를 가다듬었다. 한 걸음 한 걸음 내가 남긴 흔적을 따라오는 3반 반장은 아까보다 확연히 느렸다. 내 옆으로 복도를 장식하는 화분들이 보였다. 싸울 수 있었다. 지현이를 상대했을 때처럼, 3반 반장이 더 이상 날 따라오지 못하도록.

나는 고개를 돌려 외면했다. 3반 반장의 목을 긁는 괴성이 나를 부르듯 복도에 울려 퍼졌다. 싸워야 했지만 싸우고 싶지 않았다. 나를 노려보는 3반 반장을 대하는 일은 피구 경기를 할 때만으로도 충분했다. 겁에 질려 다리의 힘이 자꾸 풀렸다. 벽을 짚으며 필사적으로 걸었다. 하얀 벽에 붉은 손자국이 선명하게 남는다. 교직원 화장실을 지나 모퉁이를 돌았다.

익숙한 명패가 보인다. 문서 보관실. 나는 문에

걸려 있는 분홍색 자물쇠를 힘주어 당겼다. 자물쇠는 쉽게 열렸다. 보관실 안으로 몸을 밀어 넣은 후 조심스레 문을 닫았다. 주황색 소파 위에 쪼그려 앉아 입을 틀어막았다. 3반 반장에게, 얼굴이 피투성이가 된 이들에게 얼마만큼의 지성이 남아 있는지는 알 수 없지만, 아마도 나는 괜찮을 것이다. 교무실 밖으로 나온 선생님들이 지르는 괴성과, 3반 반장이 짐승처럼 그르렁거리는 소리가 뒤섞였다. 나는 여전히 입을 틀어막은 채로, 그들이 나를 지나쳐 가길 조용히, 조용히 기다렸다.

다행히 내가 두려워할 만큼의 지성은 그들에게 없는 듯했다. 모퉁이를 돌고 문서 보관실을 지나 복도 끝까지 향하는 발소리가 들렸다. 지이익, 지이익. 선생님들과, 3반 반장과, 학교에서 한 번쯤은 나를 지나쳐 갔을 누군가가 소름 끼치게 발을 끌며 걸어가는 소리. 나는 무릎에 얼굴을 파묻었다. 피비린내와 함께 악취가 훅 끼쳤다. 피, 내장, 김치찌개로 젖은 체육복에 내 눈물이 섞여 들어갔다. 혜나는 교실에 있을까, 혜나는 괜찮을까. 문득 그런 생각이 들었다. 혜나가 괜찮지 않으면, 혜나의 얼굴이 저들처럼 피투성이라면 나는 어떻게 해야 할까? 서서히 시야가 흐려지고 발소리는 아득히 멀어져만 갔다. 할 말이 있었는데, 오늘이 아니면 전하지 못할지도 모르는데…. 무릎에 얼굴을 더 깊숙이 묻는다. 혜나가 그랬듯이.

피구왕 재인

혜나는 울지 않았다. 친구들 사이에선 울지 않는 아이로 유명했다. 지나친 장난으로 선생님들의 심기를 거슬러 제대로 혼이 났을 때도, 터무니없는 실수로 내신 등급이 한 단계 떨어졌을 때도, 온 힘을 다해 덤볐던 피구 결승전에서 져 버렸을 때도 울지 않았다. 분한 마음에 거친 숨을 내뱉고 씩씩거리면서도 이를 악물고 눈물을 참았다.

그런 혜나는 내 앞에서 자주 울었다. 교무실 근처에는 나와 혜나가 자주 가는 우리만의 공간이 있었다. 아무도 사용하지 않아 버려진 조그마한 문서 보관실. 혜나는 보관실 문에 걸려 있는 분홍색 자물쇠가 힘만 주면 열 수 있는 상태라는 걸 알아냈다. 주황색 소파에, 오래된 책상과 캐비닛에 먼지가 수북이 쌓인 곳. 우리는 그곳의 소파에 앉아서 자주 이야기를 나누었다. 혜나는 이야기를 하다 울었다. 선생님께 혼이 났던 날에도 내신 등급이 떨어진 걸 확인한 날에도 피구에서 진 날에도 울었다. 내가 피구 연습 경기에서 맥없이 죽어 버린 어느 날에는 자기가 쓸모없는 것 같다며 또 울었다. 혜나는 울 때 항상 얼굴을 무릎에 묻었다. 그러면 나는 혜나의 등을 가만히 쓸어 주었다. 울고 나면 혜나의 눈은 거의 사라질 듯이 퉁퉁 부었다. 말하지 못했지만 나는 사실 그 얼굴이 귀엽다고 생각했다. 내가 맥없이 죽어 버린 건 혜나의 탓이 아니었는데, 겁 많고 주저하길 반복하는 내 탓이었는데, 그게 꼭 자기 잘못이라도 된다는 양 서운함과 속상함을 눈물로 표현하는 게 귀여웠다.

안 울려고 했는데. 실컷 울고 나면 혜나는 꼭 그렇게 이야기했다. 마냥 가벼워 보이는 얼굴이 그렇게 퉁퉁 부을 때도 있다는 사실은 나만 아는 것이었다. 혜나는 내 앞에서만 운다. 그건 우리 사이의 수많은 약속 중 하나였다. 나는 우는 법을 혜나에게 배웠다. 무릎에 얼굴을 묻고 조용히 눈물을 흘리는 그 방식을. 혜나는 그렇게 내게 스며들었다. 내가 우는 혜나의 등을 쓸어내릴 때마다 조금씩 조금씩.

고개를 번쩍 들었다. 얼마 동안 이러고 있었지? 잠깐 잠들었던 걸지도 모르겠다. 날 쫓던 이들의 발소리는 이제 들리지 않았다. 조심스레 보관실 문을 열었다. 끼익, 나무 문이 기분 나쁜 소리를 냈다. 침묵이 내려앉은 복도에는 나 혼자뿐이었다. 심호흡을 했다. 거의 다 왔다. 혜나네 반 교실이 가까이에 있다.

교무실 옆에 있는 중앙 계단을 통해 4층에 도착했다. 3학년 교실들이 죽 늘어서 있는 4층. 혜나가 속한 3학년 7반이 있는 4층. 중앙 계단 쪽에서 모퉁이를 하나만 돌면 나타나는 복도 끝에 7반이 있다. 기적적으로 복도엔 아무도 없었다. 누군가가 씹다 버린 팔다리가 창가에 걸쳐져 있을 뿐. 7반의 명패는 피가 튀지 않아 깨끗했다. 한 발 한 발, 혜나를 향해 가까이 다가갈수록 복도가 조용하다는 사실이 너무 무서워졌다. 나는 7반의 앞문을 열어 젖혔다. 드르륵, 소리가 났다.

책상과 의자들이 마구 엎어진 상태라는 점을 제외하면 7반은 생각보다 깨끗했다. 넘어진 책상들 사이에서 시체를 뜯어먹는 누군가가 있을 따름이었다. 그 누군가는 문이 열리는 소리가 나자 고개를 돌려 나를 바라보았다. 씹고 있던 이름 모를 것들은 언뜻 보면 붉은색 면발로 착각할 수 있을 것 같았다. 누군가는 자리에서 비틀거리며 일어났다. 입에 물고 있던 것이 찌익, 끊어졌다. 핏방울이 튀었다. 나는 피투성이가 된 얼굴의 주인이 혜나가 아니라는 사실에 감사해야 하는 건지, 적의로 가득한 3반 반장의 눈동자가 다시 날 향하고 있다는 사실에 울어야 하는 건지 알 수 없었다.

기다리고 있었구나.

생각은 짧은 순간에도 제각각의 방향으로 뻗어 나갔다. 나와 혜나를 무섭게 노려보던 3반 반장의 눈. 땀과 분노로 젖어 가던 얼굴. 나를 죽이기 위해 날렸던 공처럼 빠르게 달려오던 3반 반장. 이 아이가 우측 계단을 통해 4층을 향하고 7반으로 들어

가는 모습이 저절로 그려졌다. 3반 반장이 7반에 와 있는 건 혜나를 죽이기 위해서일까, 나를 죽이기 위해서일까, 아니면 둘 다일까. 평소의 3반 반장이었다면 내가 혜나를 구하기 위해 7반으로 올 거라는 사실을 본능적으로 알았을 것이다. 본능은 고스란히 그 몸에 배어서, 시체가 되어 버린 몸을 달리고 또 달리게 했을 것이다. 땀과 분노를 털어 내고 피구에서 이기기 위해. 어쩌면 우리 사이를 갈라놓기 위해.

3반 반장은 입에 물고 있던 것을 게걸스럽게 씹어 삼켰다. 문득 3반 반장이 먹고 있던 시체가 혜나가 아닌가, 그런 생각이 들었다.

머릿속이 새하얗게 변했다. 숨을 뱉을 수가 없었다. 3반 반장은 기다려 주지 않고 나를 향해 달렸다. 급하게 책상을 들어 앞을 막았다. 나는 3반 반장과 충돌하면서 뒤로 밀려나다가 칠판에 등을 부딪혔다. 분필들이 떨어져 바닥에서 조각났다. 형형색색의 가루들이 바닥에서 뒤섞였다.

부서진 이빨 조각을 뱉어 낸 3반 반장은 다시 나를 향해 몸을 던졌다. 그 타이밍에 맞춰 바닥을 기어 앞으로 빠져나왔다. 칠판에 부딪힌 3반 반장의 얼굴에 분필 가루들이 아이스크림 위에 데커레이션을 하듯 우수수 떨어져 내렸다. 나는 필사적으로 빠르게 움직여 반쯤 먹힌 시체의 얼굴을 확인했다.

피구왕 재인

혜나가 아니었다.

혜나가 아니었지만 내가 아는 얼굴이었다. 혜나를 보려고 7반을 뻔질나게 드나든 덕분에 이름을 외우게 된 친구였다. 가은이. 혜나가 아니라 가은이가 쓰러져 있다는 사실이 기뻤다. 피로 물든 기쁨은 홀로 살아남은 자에게 죄책감으로 다가왔고 이내 구역질이 났다. 가은이의 눈을 감겨 주는데 눈물이 뚝뚝 떨어졌다. 기운이 빠져 힘없이 누웠다. 3반 반장이 나에게 비척거리며 다가왔다.

바닥에 드러누운 채, 가은이의 피가 내 머리카락을 축축이 적시는 것을 느꼈다. 3반 반장의 검은 이빨이 내 목을 뜯으려 애쓰며 허공에서 딱딱거렸다. 3반 반장의 어깨를 붙잡고 온 힘을 다해 밀었다. 3반 반장은 내가 급식소에서 죽였던 지현이와 달랐다. 힘의 차이가 월등해 극복할 수 없었다. 반장의 머리카락이 내 얼굴 위로 쏟아졌다. 피비린내가 났다. 이대로 죽게 되는 걸까. 내가 지금까지 살아 있다는 것이 애초에 말이 안 되는 일이었을지도 모른다. 영화나 웹툰 속의 주인공들이 오래 살아남는 건 그들이 주인공이기 때문이다. 나는 혜나를 구할 수 없었다. 끝내 그럴 수 없었다. 눈물이 얼굴을 타고 쉴 새 없이 흘러내렸다. 마지막 힘을 다해 3반 반장을 밀어내며 고개를 돌렸다. 옆에 놓여 있는 책상과 의자가 시야에 들어왔다. 눈에 익은 담요가 의자 위에 얌전히 개어져 있었다. 내가 혜나에게 사 줬던, 혜나의 담요.

손을 뻗어 잡아챈 담요로 3반 반장의 얼굴을 덮었다. 언젠가 영화에서 봤던 장면을 따라 해 본 거였다. 효과가 있을지는 알 수 없었다.

눈앞의 상대가 사라지자 3반 반장은 나를 향해 달려들던 움직임을 멈추고 담요 아래에서 허둥거렸다. 기회를 놓쳐선 안 됐다. 나는 비틀대며 담요가 놓여 있던 의자를 들었다. 의자를 높이 쳐드는데 자꾸 눈물이 났다. 죽이고 싶지 않았다. 그런 짓은 하고 싶지 않았다. 비록 금 너머에서 서로를 노려보았다고 해도, 3반 반장은 같은 학교 학생이었다. 해야 한다, 해야 한다, 해야 한다, 하고 싶지 않다. 3반 반장은 사방팔방으로 손을 뻗으며 헤맸고 그 손짓에 반장을 덮고 있던 담요가 아래로 툭 떨어졌다. 나는 곧바로 의자를 던졌다.

3반 반장은 쓰러져 의자에 짓눌렸다. 나는 소리를 내질렀다. 3반 반장은 아직 움직이고 있었다. 나를 향해 소리를 지르고 깨진 손톱으로 바닥을 긁으며 검은 피를 울컥울컥 뱉어 냈다. 나는 다시 한번 의자를 들었고, 이번엔 3반 반장의 머리를 향해 던졌다. 쾅, 하고 무언가 부서지는 소리가 난 뒤에는 더 이상 아무 소리도 나지 않게 되었다. 잠시 멍하니 그 자리에 서 있었다.

피구왕 재인

내가 알던 사람들, 선생님, 친구들, 수많은 사람들이 피투성이가 되었다. 나는 얼굴도 몰랐던 지현이를 죽였다. 혜나 대신 가은이가 죽었음에 기뻐했다. 나를 죽이려는 듯했던 3반 반장을 내 손으로 죽였다. 혜나는 이곳에 없다.

비척이며 다가간 혜나의 자리는 평소와 같았다. 펼쳐진 교과서에는 내가 준 형광펜으로 줄을 그은 흔적이 남아 있었고, 혜나가 자주 입던 집업은 의자에 걸려 있었다. 나는 3반 반장의 피로 젖은 혜나의 담요에 얼굴을 묻었다. 피비린내 사이로 혜나의 냄새가 났다. 혜나의 어깨에 기댈 때마다 나던 냄새. 손을 잡고 장난을 칠 때마다 흘러들어 오던 냄새. 내 울음소리를 들은 누군가가 위치를 알아채 나를 죽이러 온다 해도 상관없었다. 교실이 떠나가라 울고 또 울었다. 혜나의 냄새는 내 눈물에 스며 서서히 짙어져 갔다.

따뜻한 햇살이 혜나의 머리카락 위에 내려앉는다. 나는 급식으로 나온 귤을 까면서 혜나에게 오전에 있었던 수업에 대해 이야기하고 있었다. 선생님이 수업은 안 하고 집에 어떤 커튼을 걸어야 할지 10분 동안 고민했다는 것에 대해, 선생님이 칠판에 그린 세계 지도가 얼마나 자세했는지에 대해. 혜나는 그런 나를 가만히 보고 있었다. 나는 껍질을 깐 귤을 반으로 쪼갠 다음 한쪽을 입에 넣었다. 남은 한쪽에 붙어 있는 하얀 속껍질을 하나하나 떼기 시작하자 혜나가 웃었다.

그거 나 줄 거지?

어… 씨, 이야기하는데 말 끊지 마.

나 너한테 할 말 있어.

마지막 남은 속껍질을 떼어 내는 데 집중하고 있던 나는 사뭇 진지해진 목소리에 고개를 들었다. 혜나가 내 눈을 피해 시선을 돌렸다. 그리고 발끝으로 책상 다리를 툭툭 차기 시작했다. 초조할 때 혜나가 자주 하는 행동이다. 왠지 심장이 내려앉는 느낌이 들어 아무렇지 않은 척, 속껍질을 떼어 낸 귤을 혜나의 입에 넣어 주며 물었다. 뭔데. 혜나는 귤을 씹으며 눈을 굴렸다. 음…. 고민하느라 길게 늘어지는 저 목소리에 심장이 또 한 번 내려앉은 걸 혜나는 알고 있을까. 귤을 삼킨 혜나가 헛기침을 하더니 입을 벌렸다.

수능 끝나면 말해 줄게.

뭐야, 궁금하게.

무심한 말투로 타박했지만 나는 혜나의 눈을 볼 수가 없었다. 혜나도 마찬가지였다. 우리는 그렇게 한참 동안 서로를 보지 못하고 애꿎은 책상 다리만

피구왕 재인

툭툭 치며 아까운 점심시간을 날려 보냈다. 교실로 돌아가야 할 시간이 되자 나는 자리에서 일어났다. 내 어깨에는 혜나와 함께 맞춘 담요가 걸쳐져 있었다. 창문 너머 운동장을 바라보니 대충 그어 놓은 금 안에서 점심시간이 다 끝나도록 피구 연습을 하는 아이들이 보였다. 나는 습관처럼 중얼거렸다. 나는 왜 안 될까. 내 중얼거림을 훔쳐 들은 혜나가 난데없이 책상을 팡팡, 소리 나게 두드렸다.

있잖아, 우리가 같은 팀이라고 상상해 봐.

응.

내가 죽기 일보 직전이야. 애들이 날 막 죽이려고 그래, 내가 너무 잘하니까. 나만 노리는 거야.

으응.

그 와중에 빠지지 않는 자기 자랑에 나는 작게 킥킥대고 웃었으나 혜나는 알아채지 못한 듯했다.

근데 네 쪽으로 공이 날아왔어. 바로 앞에 날 죽이려고 했던 애들이 다 있어.

응.

잡을 거야?

잡아야지.

그건 거의 반사적인 대답이었다. 어디서 나온 자

신감인지 알 수 없었다. 혜나는 그제야 나와 눈을 맞추고 웃었지만 나는 혜나를 따라 웃지 못했다. 그때의 나는 금 안에 있는 것이나 다름없었다. 혜나와 단둘이서, 혜나를 노리는 아이들을 눈앞에 잔뜩 세워 둔 채로.

던질 거야?

… 당연히 던져야지.

그런 거야.

그런 거야, 그냥 그렇게 하면 되는 거야. 말을 덧붙인 혜나의 얼굴은 어느새 사뭇 진지해져 있었다. 혜나는 햇빛 아래에서 그 누구보다 환하게 반짝거렸다. 너무도 당연하게 나를 믿는 그 얼굴. 겁쟁이라 공 한 번 던져 보지 못한 내가 자신을 지킬 거라 누구보다 굳게 믿는 그 얼굴.

우리의 마지막 약속. 수능이 끝나면, 혜나가 나에게 하고 싶었던 말을 전하기. 나는 그 약속을 깨고 싶었다. 혜나가 말하기 전에, 내가 먼저 말해야 했다.

창문 밖으로 앰뷸런스 소리가 시끄럽게 울렸다. 혜나는 이미 도망갔을지도 모른다. 혜나도 나 못지않게 잘 달리니까, 일이 벌어지자마자 계단을 빠르게 내려가 이미 교문 밖으로 나섰을지도 모를 일이다. 안전한 곳에서 보호를 받으면서 날 걱정하고

피구왕 재인

있겠지. 단지 엇갈렸을 뿐이다. 혜나는 무사할 것이다. 나도 무사할 것이고, 우리는 다시 만나서 못 다 한 이야기를 나눌 것이다. 마음속으로 그렇게 몇 번이고 되뇌었다.

칠판에 적힌 글자를 발견한 건 한참을 울고 난 후였다. 혜나의 담요를 어깨에 걸치고 혜나의 자리에 멍하니 앉아 있던 나는 하얀 분필로 서툴게 적힌 문장의 의미를 이해하려고 노력했다.

5교시 가정 수업 취소, 피구 연습하러 강당으로!

강당으로, 강당으로, 강당으로.

그 간단한 말을 제대로 이해하기까지 오랜 시간이 걸렸다. 어쩌면 내 얼굴을 덮고 있는 핏물 때문이었을지도 모르겠다. 혜나의 담요로 얼굴을 거칠게 문질러 닦았다. 칠판에 적힌 문장을 다시 한번 읽었다.

2층에 있는 강당은 보통 실내 체육관으로 쓰이는 공간이었다. 체육대회를 불과 며칠 앞두고 있는 아이들의 애교에 넘어가 버렸을 가정 선생님. 공을 잘 던지는 가은이가 발목을 다쳤다며 아쉬워하던 혜나. 모두가 강당으로 향한 뒤 교실에 홀로 남아 5교시를 보내고 있었을 가은이. 상상과 사실이 머릿속에서 마구 뒤섞였다. 자리에서 벌떡 일어났다. 목구멍까지 가득 찬 심장이 입 밖으로 튀어나올 것 같았다. 나는 7반 교실을 빠져나가 달렸다. 내 어깨에는 혜나의 담요가 단단히 묶여 있었다. 핏물에 완전히 젖어 버린 발바닥이 바닥에 질척하게 달라붙는다. 계단을 내려가는 내 발소리가 제법 컸지만 상관하지 않았다. 나는 발이 빠르니까 괜찮다. 혜나가 그렇게 말했으니까 괜찮았다. 울면서 달렸다.

강당 입구의 무거운 양쪽 여닫이문은 반쯤 부서져 있었다. 나는 그 앞에 멈춰 서서 허리를 숙이고 가쁘게 숨을 몰아쉬었다. 머리끝까지 열이 오르고 헛구역질이 났다. 이 안에 혜나가 있을까. 문을 짚은 손가락이 바들바들 떨렸다. 떨어지는 눈물을 소매에 거칠게 문질러 닦았다. 들어가고 싶지 않았다. 혜나가 이 안에 없을까 두려워 그대로 죽어 버리고 싶었다. 숨을 고르다가 박살 난 문 너머로 몸을 냅다 밀어 넣었다.

눈앞에 펼쳐진 끔찍한 살육의 현장에 나는 멍청하게 입을 벌렸다.

빨갛게 젖어 버린 체육복 차림의 아이들이 쓰러져 있다. 그 주위로 피구공 수십 개가 굴러다닌다. 창문들은 하나같이 금이 갔거나 깨져 있었다. 두 동강이 난 배드민턴 채. 한쪽만 남은 실내화. 오래된 나무 냄새에 마구잡이로 뒤섞인 피비린내. 강당 안은 너무 조용했다. 깨진 창문 사이로 흘러들어

피구왕 재인

오는 바람에 커튼만 살랑거렸다. 죽어 버린 사람들과 숨 막히는 고요함과 벽에 튄 핏방울을 상관하지 않는다는 듯, 평화롭게 펄럭이는 커튼의 모습이 내 목 안쪽을 조여 왔다. 아무것도 남아 있지 않았다. 살아 있는 건 단 하나도.

쿵, 공이 바닥에 부딪히는 소리가 들렸다. 묵직하고 익숙한… 그 소리.

나는 소리가 난 곳을 향해 고개를 돌렸다. 기둥으로 가려져 있는 시야 너머를 보기 위해 한 걸음 앞으로 걸어갔다.

혜나, 나의 혜나가 거기에 있었다.

나무 단을 높여 만든 무대 위에 서 있는 혜나의 체육복은 피로 푹 젖은 채였다. 자신을 향해 비척거리며 다가오는 아이를 피해 혜나는 뒤로 한 걸음씩 물러나고 있었다. 혜나야, 부르려고 했는데 목소리가 나오지 않았다. 차오르는 울음이 내 목구멍을 틀어막았다. 부르지 않았는데도 기적처럼 혜나는 나를 보았다.

혜나는 울고 있었다. 사방에 널린 피구공, 체육복을 입은 채로 쓰러져 있는 수많은 아이들. 혜나를 집어삼키려는 듯 다가가고 있는 누군가. 조금 전 혜나가 날린 공은 그 누군가를 빗맞혀 저 멀리서 뒹굴고 있었다. 무대 위에는 남아 있는 피구공이 없었다. 나는 혜나가 이곳에서 어떤 시간을 겪었는지 알아챘다. 혜나의 얼굴에 묻어 있는 공포와 두려움을 모두 지워 버리고 싶었다.

재인아.

혜나가 내 이름을 소리쳐 불렀다. 우리는 서로를 마주 보았다. 혜나는 웃었다. 나를 보고 울면서 웃었다. 마치 내가 올 것을 알고 있었던 듯한 얼굴이었다. 나는 혜나가 부르는 내 이름에 아주 큰 힘이 있다는 걸 이제야 알았다. 서재인. 평범한 내 이름은 혜나가 부르는 순간 특별해진다. 혜나가 하는 모든 말들이 나를 새롭게 한다. 나는 그 사실을 너무 늦게 깨달았다. 발끝에 피구공이 채였다. 나는 공을 집어 들었다.

살아남고 나면, 그다음에 필요한 건 집중이야. 나는 혜나의 목소리를 마음속으로 듣는다. 혜나가 그랬던 것처럼 목표물을 뚫어지게 본다. 천천히 숨을 고른다. 멀리 복도에서 사람의 것인지 좀비의 것인지 모를 발소리들이 울려 퍼졌다. 소리는 점점 더 가까워졌다. 불안한 눈으로 부서진 문 너머를 보다가, 나를 기다리고 있는 혜나와 다시 눈이 마주쳤다.

혜나는 무사할 것이다. 우리는 함께 살아남을 것이다. 나는 피로 범벅이 되어 있을 혜나의 손바닥을 등에 걸친 담요로 닦아 줄 것이다. 눈알처럼 동

피구왕 재인

글동글한 사탕을 밀어 넣어 주던 손가락을 단 하나도 놓치지 않고 붙잡을 것이다. 늦게 와서 미안하다고 등을 쓸어내리며 사과를 전할 것이다. 그깟 귤 속껍질 정도야, 수백 번도 더 깔 수 있다고 고백할 것이다. 너를 위해 기꺼이 공을 던질 수 있다고, 이제 나도 할 수 있다고 외칠 것이다. 공을 쥔 손을 천천히 뒤로 당기면서 달리기 시작했다.

나는 처음이자 마지막으로 혜나를 위해 공을 날렸다.

바람이 불 때마다 천막이 거칠게 흔들렸다. 어설프게 고정된 기둥들은 금방이라도 무너질 듯 아슬아슬하다. '국한2동 생존자 정기 검진'이라 쓰인 종이가 천막에 테이프로 간신히 붙어 있다. 삐뚜름한 각도와 한 장밖에 뽑지 않은 허술한 준비성을 굳이 비난하고 싶지는 않다. 어차피 뜯겨 나갈 종이고 철거할 천막이고 치워 버릴 기둥이다. 빠르게 치고 빠지는 게 무엇보다 중요한 세상이었다.

"성함은요?"

"김연정요."

비는 5일 전에 내렸다. 물을 충분히 받아 놓기엔 강수량이 너무 적었다. 며칠 동안 감지 못한 머리에선 썩은 내가 난다. 내 이름을 묻는 선생님은 하얀 가운을 입었고 싹둑 자른 머리카락에서 좋은 냄새를 풍겼고 안경을 썼다. 악취가 코를 찌를 법한데도 눈 하나 깜짝하지 않는다. 선생님의 얼굴은 언제나 태연하다. 당신은 한 달 안에 눈과 입에서 피를 흘리며 죽게 되고 죽고 난 후에는 주위 사람들을 물어뜯게 될 것이라는 선고를 내리면서도 담담하다. 나에게는 그런 능력이 없다. 내가 선생님의 향기를 가질 수 없는 이유였다.

"생년월일요."
"99년 11월 24일."

국한2동 생존자들의 몸에서 썩은 내가 나도 태연한 선생님들은 일주일에 한 번 우리를 찾아온다. 채 열 명도 되지 않는 그들은 빠르게 천막을 세우고, 생존자와 사망자를 확인하고, 감염자를 걸러 내고, 격리 조치가 원활하게 이루어지지 않을 경우 군인들을 호출한다. 다행히 국한2동은 감염 사실을 알아서 자백하고 선생님들이 군인을 부르기 전에 자살까지 해 버리는, 남에게 폐 끼치기를 죽기보다 싫어해서 진짜 죽어 버리는 사람들만 모인 곳이다. 같은 동네에서 오래 살면 싫어도 이웃들의 성향에 물들게 되는 법인가 보다. 나도 감염된다면 아파트 옥상에서 아무도 모르게 뛰어내릴 자신이 있었다.

"백신 접종 여부는?"
"1차 때 맞았어요."
"그 후에 물린 적이 있나요?"
"한 번요. 팔목."

일주일에 한 번씩 만나도 똑같은 질문이고 똑같은 대답이다. 선생님은 나에 대한 정보를 이미 가지고 있다. 물음과 답을 빠르게 주고받는 것은 형식적인 절차다. 동시에 내가 감염되었는데 거짓말하는 건 아닌지 판별하는 방법이다. 의사소통은 제대로 이뤄지는지, 자신의 이름이나 생년월일 같은 기본적인 정보를 여전히 기억하고 떠올릴 수 있는지 확인하는 것이다. 선생님은 내 팔을 고무줄로 묶고 핏줄이 드러날 때까지 꾹꾹 눌렀다. 바늘이 파고들고 주사기 안으로 피가 주욱 채워진다. 붉은색과 갈색이 적절하게 뒤섞인 색이다.

　　"잘 아물었네. 발열이나 두통은 없고?"
　　"아직은 한 번도 없었어요."
　　"다행이네."
　　"네에."

　　나는 오른쪽 팔목 위에 남은 흉터를 보면서 답을 한다. 작은 유리관에 담긴 내 피는 다른 사람들의 피와 함께 어딘가로 사라졌다. 선생님은 종이에 뭘 열심히 적는다. 발열 없음. 눈, 목 통증 없음. 감염 증상 없음. 이런 걸 적고 있을 터였다. 매주 똑같은 말을 적는 선생님의 얼굴은 꽤 지루해 보였다. 내가 선생님을 지루하게 만들고 있다. 가끔은 그 사실이 마음에 걸렸다. 말주변이 없고 낯을 많이 가리는 나는 국한2동에서 선생님을 제일 지루하게 만드는 사람일 것이다. 남을 지루하게 만드는 것만큼 폐 끼치는 일도 없다.

"젊고 건강하고, 감염 증상 없고. 효과가 좋네요. 다행이야, 나이 먹으면 다 소용없는 거 알죠?"
"네에."
"피 한 번만 더 뽑을게요, 미안. 젊은 피가 좀 부족해서."
"네에."

그러시든가. 팔을 내밀고 가만히 기다렸다. 선생님은 조근조근 말하기 시작한다. 서른 살만 넘어도 백신 효과를 보지 못하는 경우가 나타난다. 마흔을 넘으면 다섯 명 중 한 명꼴로 나타나고, 쉰을 넘어가면 물리지 않는 게 상책이다. 나이가 서른과 마흔 사이 어딘가일 것으로 추정되는 선생님은 무시무시한 말을 아무렇지 않게 한다. 난 이미 끝났어. 장난처럼 덧붙인 말도 무섭다. 몇 년 후 백신이 듣지 않는 20퍼센트 안에 들지도 모른다는 두려움을 저렇게 이야기한다. 나이를 먹으면 다들 저런 식으로 무뎌지나. 스물셋인 내가 열셋일 때의 나보다 조금도 무뎌지지 않았음을 떠올리면서 아마 선생님은 무뎌진 척을 하고 있는 거라고 건방지게 짐작해 본다.

"일 같은 건 안 해요?"
"네에, 해요."

싱싱한 팔다리를 찾아 거리를 쥐 잡듯 뒤지는 것
도 일이라고 할 수 있다면 말이다.

"알바?"

"네에."

"부지런하네요. 맞아, 지금부터 벌어 둬야지. 앞
으로 어떻게 될지 모르니까…."

"네에."

"요즘, 보니까 다들 열심이던데. 감염자들 잡으
러 다니느라."

"…."

"멋있더라고, 내가 좀만 어렸어도."

"네."

우리보다 한 달 먼저 백신을 맞았고 머리에서 좋
은 냄새를 풍기고 피 한 방울 묻지 않은 하얀 가운
을 입었고 군인들이 보초를 서는 집에서 사는 사람
이 저런 말을 한다. 고무줄은 왼팔에 묶였고 피가
몸에서 빠져나갔다. 한때는 내 혈관에 해답이 있지
않을까 하는 상상을 했다. 좀비 영화나 드라마에서
처럼, 좀비 바이러스에 선천적으로 면역력을 가진
젊은 주인공이 온갖 역경을 헤치고 결국 세계의 구
원자가 되는 뻔한 스토리를 꿈꿨다. 당연히 나는
영웅도 주인공도 구원자도 아니었다. 그래도 선생
님이 내 피를 두 번 뽑았다는 사실을 위안으로 삼
아 본다. 아직 나는 피를 두 번 뽑힐 정도의 가치가

좀비즈 어웨이

있는 존재다.

"좋을 때다, 정말."

핏방울이 올라오는 지점을 알코올 솜이 꾹 누른다. 내 머리에선 쓰레기 냄새가 나고 잠바에는 갈색 핏자국이 덕지덕지 달라붙어 있고 아래층에 살던 할아버지는 얼마 전에 자살했다. 나는 선생님한테 묻지 못했다. 이런 처지인데 좋을 때라니 정말 진심으로 하는 소리냐고. 그 좋을 때를 시체 더미나 뒤지며 흘려보내고 있다는 말도 할 수 없었다. 국한2동에는 생존자 수가 적어서 검진이 일찍 끝나는 편이다. 나는 다음 주에 뵙겠다는 인사를 하고 자리에서 일어났다. 양팔에 붙어 있던 알코올 솜이 바닥으로 투둑 떨어졌다. 가라앉는다. 썩은 내가 난다. 머리에서 나는 냄새가 아니다. 속에서 끓어오르는 냄새였다. 썩어 들어가는 좀비를 대충 잘라다가 물에 넣고 푹 끓인, 추잡하고 역겨운 냄새가 난다.

누구나 영웅이 되기를 한 번쯤은 꿈꾼다. 그 꿈에 몸을 맡기면 인생이 어려워진다. 갑자기 장애물이 쏟아지고 불쑥불쑥 벽이 등장한다. 나는 영웅이 아닌가? 그럴 리가 없다고 마음을 다잡노라면 왠지 억울해진다. 아무도 나에게 영웅이 되라고 강요한 적 없는데도 차오르는 오만한 생각. 세상을 구하려는 사람을 가로막는 것들이 왜 이렇게 많은가. 점점 더 거대해지는 벽과 장애물에 깔려 질식하기 직전이라면 인정할 때가 온 것이다. 나는 허공에 떠다니는 먼지만도 못한 존재다. 감히 영웅이 되기를 꿈꾸었던 미물에 불과하다. 인정하고 나면 장애물이 작아진다. 벽은 언제 높았었냐는 듯 훌쩍 넘어갈 수 있을 만큼 낮아져 있다. 둥둥 부유하는 먼지를 떠올리면 사는 게 조금 쉬워진다. 먼지, 먼지, 먼지. 마법의 단어를 곱씹으면서 살면, 버티기 쉽다.

"늦었다?"

"오늘 검진이라…"

"검진이고,"

뭐고. 또 말대꾸. 뭔가 날아와서 얼굴에 부딪혔다. 축축하고 끈적했다. 볼에서 쭈욱 흘러내리는 걸 잡아 보니 아니나 다를까 얇은 피부 가죽이다. 부패해서 색이 요상했다. 정육점은 오늘 손님 하나 없이 한산하다. 사장님은 진열장에 놓인 고기들을 꺼내서 손질하던 중이었다. 사장님을 멀뚱히 바라보자 피부 껍질 조각 하나가 또 한 번 날아왔다. 이번엔 허벅지에 정통으로 맞고 아래로 힘없이 떨어진다. 사장님은 카운터 구석에 나를 위한 피부 가죽들을 쌓아 두었다. 너무 오래 처박힌 탓에 썩었거나, 흉터가 있거나 털이 많아서 상품 가치가 떨어지는 피부들이다. 언젠가 사장님이 던지는 가죽들을 하나하

좀비즈 어웨이

나 열심히 모아 둔 적이 있었다. 당시 일주일 동안 사장님이 내 얼굴, 팔, 다리에 던진 피부 가죽들은 총 42개였다. 침대 밑에 잘 숨겨 두었는데 냄새가 너무 심해서 엄마가 모조리 버렸다. 내가 일생을 바쳐 얻어 낸 훈장들을 무참하게 빼앗긴 기분이었다.

"또 늦으면 그땐 진짜 죽는다."
"네에."

그냥 바로 죽었으면 좋겠는데. 사장님은 손질한 고기를 봉지에 담으면서 명령했다.

"오후까지 다리 몇 개 골라서 보내야 해. A급 다리 싹 다 가지고 나와 봐."
"왼 다리요 오른 다리요?"
"왼쪽으로."
"네에."
"일반 예약도 있어. 구워 먹을 거라고 하는데… 그것도 몇 개 가져와 보고. 썩은 부위 절대 없는 걸로."
"네에, 그…"
"시체도 하나 방금 새로 들어왔어. 창고에 있으니까 개도 가지고 나와."

그 악독하다는 대기업 회장 놈들도 우리 사장님만은 못하겠지. 걸어가는 내 뒤통수로 또 한 번, 찰싹. 좀 웃고 다녀라. 사장님은 항상 어려운 요구만 한다.

어렵기는 냉동실 문도 마찬가지다. 무거운 문을 낑낑거리며 겨우 열고 사장님으로부터 피부 껍질 세례가 쏟아질까 싶어 열심히 움직였다. A급은 쉽게 꺼내는 물건이 아니다. 그만큼 닿기 어려운 곳에 있다. 피와 살점이 덕지덕지 붙은 비닐에 싸여 보관대에 차곡차곡 쌓여 있는 고기들. A급은 맨 위에서 그 자태를 뽐내며 쉬고 계신다. '왼 다리- A급'을 향해 팔을 뻗었다. 크기도 모양도 각양각색인 다리 여섯 개가 곱게 누워 있었다. 맨 위에 있는 아이부터 하나하나 내리는데 한꺼번에 들기에는 힘이 부족하다. 세 개까지 내린 다음 바닥에 두고 다시 팔을 뻗었다. 쥐가 나도록 팽팽하게 땡겨진 근육들이 비명을 지른다.

마지막 다리를 내리며 긴장을 푼 게 실수였다. 균형을 잃은 몸이 기울어지는 바람에 보관대에 온 체중이 실렸다. '오른발- A급'과 '왼 다리- B급'들이 와르르 쏟아졌다. '오른발- A급' 중 하나가 내 어깨에 세게 부딪혔다. 눈물 나게 아팠다. 잠시 몸을 웅크리고 끙끙대며 참았다. 입술을 악물고 최대한 빨리 아픔을 덜어 내야 한다. 사장님은 느린 일꾼을 절대 좋아하지 않는다. 선반에서 물건 하나 제대로 못 내리는 등신은 더더욱 좋아하지 않을 것이다.

다리 여섯 개를 옮겨 놓고, 가운데 선반에서 제

법 먹을 만하게 생긴 허벅지 살과 옆구리 살도 가
져왔다. 처음 일하기 시작했을 때는 썩지 않은 허
벅지 하나 제대로 고르지 못했다. 거무튀튀한 게
멍인지 썩어서 변색된 부분인지 고민하며 30분을
보낸 나는 첫 출근을 한 지 두 시간 만에 피부 껍질
에 맞았고 감기 몸살을 얻었다. 누구나 쉽게 할 수
있는 일을 제대로 터득하는 데 며칠이 걸렸고 사장
님은 그 며칠 동안 사람을 잘못 뽑았다며 한숨을
푹푹 내쉬었다. 그래도 어쩌겠는가, 뒤집혀 버린
세상에서 이런 일을 하겠다고 지원한 젊은이는 나
밖에 없었다.

"이걸로 해. 썰어서 담아 놔."
"네에."

사장님은 허벅지 살을 골랐다. 옆구리는 다시 냉
동실에 고이 모셔 두었다. 아주 오래전에 먹었던
삼겹살을 떠올리며 서툴게 허벅지를 조각내는 동
안 사장님은 내가 가져온 여섯 개의 다리들을 주의
깊게 관찰했다. 의뢰인이 보냈을 사진을 들여다보
고, 다리 하나하나를 신중하게 살폈다. 길이도 색
도 모양도 적당한 다리를 찾기까지는 꽤 오랜 시간
이 걸린다. 사장님은 결정을 내리지 못하고 긴 시
간을 끌다가, 결국 다리 두 개를 골랐다. 거대한 스
티로폼 박스 안에 얼음을 가득 붓고 두 다리를 소
중히 내려놓는다. 꼼꼼하게 밀봉된 저 상자는 어디

론가 흘러가 누군가에게 도착하게 될 것이다.

조각낸 살을 봉지에 담자 중년 부부가 가게 안으로 들어왔다. 내가 썬 허벅지는 그 중년 부부가 주문한 물건이었다. 남자의 얼굴은 반쯤 썩어 들어가 있었다. 감염자의 얼굴이다. 오른팔에 둘둘 매여 있는 붕대가 그제야 눈에 들어온다. 부부는 멋쩍게 웃으며 물건을 받고 값을 치른 뒤, 봉지를 덜렁이며 밖으로 나간다.

백신은 누구나 맞을 수 있었지만 누구에게나 효과가 있었던 건 아니었다. 백신의 효과가 기대 이하라는 사실이 밝혀지자 사람들 사이에서는 이상한 소문이 돌기 시작했다. 좀비를 먹으면, 그 부패한 살덩어리를 배 속으로 집어넣으면 좀비에게 물려도 감염되지 않는다는 이상한 소문.

더러운 피가 섞인 살덩이를 삼키면 멀쩡한 사람도 좀비로 변한다는 건 누구나 다 아는 상식이다. 이제는 그런 상식조차도 통하지 않는 세상이 되었다. 저 중년의 남자는 백신을 맞은 후에 재수 없게 좀비에 물렸을 것이고, 더 재수 없게도 백신의 효과를 보지 못해 점점 좀비로 변해 가는 중일 것이다. 집에 가면 지푸라기라도 잡는 심정으로 내가 조각낸 허벅지 살을 지글지글 구워 먹을 것이다. 먹으면 먹을수록 더 빨리 좀비로 변할 텐데 말이

좀비즈 어웨이

다. 결국 그는 언젠가 좀비가 되어 우리 가게 냉동실에 눕게 될 것이다. 사장님은 모든 걸 알면서도 좀비를 식용으로 판다. 나는 모든 걸 알면서도 그의 밑에서 일한다. 죄책감 같은 건 없다. 썩은 살을 씹어 먹으면 좀비 바이러스에 면역이 생긴다는 비참한 소리를 믿을 만큼 멍청하거나 절박한 사람들은 이 세상에서 살아남을 가치가 없다.

"야. 내가 계속 말했지."

"네?"

"서비스직 하려면, 웃기라도 하라고. 좀, 몇 번 말하냐."

웃지 못할 거면 일이라도 잘하든가. 웃지도 않고 일도 못하고. 그래서 앞으로 어떻게 살려고 그러냐. 사장님은 낄낄거린다. 손님이 저 알바생은 왜 맨날 죽상이냐고 물은 것도 아닌데 어째서 사장님이 먼저 날 단속하려 나서는지 잘 모르겠다만, 어쨌든 그것도 사장님의 권리 중 하나니까 그냥 넘어가 본다. 웃는 것도 일하는 것도 앞으로 사는 것도 다 내가 알아서 할 일인데, 주위에선 항상 한 마디라도 더 추가하지 못해서 안달이다. 똑같은 말을 돌려주고 싶지만 야속하게도 사장님은 일 하나만큼은 기가 막히게 잘한다. 시체를 보면 한 번에 A급인지 B급인지 C급인지 그것도 아니면 나한테 던질 피부 가죽행인지 구분할 수 있고, 좀비를 보면 어디를 덜어 내고 어디를 떼어다 팔아야 할지 정확히 판별할 수 있다.

"그리고, 시체도 가져오라 했더니 그건 왜 안 가져와?"

"아."

"아는, 무슨 아. 등신아. 너는 진짜 날 만난 걸 고마워해야 해. 어?"

"네."

"누누이 말하잖냐, 내가 도와주는 거라고. 이거 다 너 나중에 사회 나가서 칭찬받게 만들려고 하는 소리다. 어?"

"네."

"나가서 예쁨받으려면 똑똑하든가, 빠르든가, 기억력이 좋든가. 무슨 능력이든 있어야 한단 말야. 근데 너는 진짜…… 가망이 없다 가망이. 빨리 가서 시체 가져와."

꿇으라면 꿇어야지. 나는 군말 없이 창고로 종종걸음을 쳤다. 창고 바닥에 놓인 시체는 거대했다. 파란 비닐에 둘둘 말린 시체의 양 끝을 검은 끈이 감고 있었다. 끙끙거리며 시체를 잡아당겼다. 제대로 될 리가 없었다. 피죽도 못 얻어먹은 몸이라고, 할머니는 말라빠진 내 팔다리를 보며 종종 그렇게 말했었다. 울퉁불퉁한 뼈에 얇은 피부 가죽만 간신히 얹어 놓은 꼴을 보고 한 말이었다. 전기도 물도 꾸준히 얻을 수 없는 세상에서 삼시 세끼 제대로 챙겨 먹는 건 쉬운 일이 아니다. 시간이 흐를수록 점점 생기 없이 마르기만 하는 두 팔에는 어떠한 기대도 걸지 말아야 한다.

20분째 끙끙거리고 있으니 사장님은 쿵쿵거리며 몸소 창고까지 행차하셨다. 끙차 소리 한 번에 쉽게 들 수 있는 시체를 굳이 나보고 끌고 오라고 한 이유는 아직도 잘 모르겠다. 내 뒤통수를 한 번 더 후려갈길 수 있는 기회를 얻기 위해? 거대한 덩치의 존재 이유를 이렇게라도 증명하기 위해?

시체는 상태가 꽤 좋았다. 좀비로 변하고 얼마 되지 않아 죽은 것 같았다. 백신이 먹히지 않는 사람들 중 하나라는 것도 서러운데, 좀비가 되고도 사람 한 번 제대로 뜯어 보지 못하고 죽는다면 좀 억울할 것 같다. 사장님이 톱을 가져왔다. 나는 그 뒤에서 작업이 끝나길 기다렸다. 인간이 좀비로 변하는 과정은 비참하다. 한때 섬세하게 움직였을 손가락이 딱딱하게 굳어 버리고 반짝반짝 빛났을 손톱 아래 피와 살점이 끼게 되는 건 비참한 일이다. 비참한 좀비를 고기로 만들기 위해 조각내는 과정은 잔인하기 짝이 없다. 사장님의 얼굴에서 땀방울이 떨어졌다. 땀이 시체 위로 한 방울씩 떨어질 때마다 내 마음속에는 죄책감이 쌓인다. 살아 있다는 죄책감. 살아서 아무것도 하지 않는다는 죄책감. 시체의 두 눈이 나를 똑바로 바라본다. 이렇게 묻는 듯하다. 겨우 살아남아서 하는 일이 나를 조각내는 것이냐?

정체 모를 바이러스가 퍼지고 오랜 시간이 흐른 뒤의 어느 날, 라디오는 지긋지긋한 전쟁의 끝을 알렸다. 수도권과 중부 지역을 점령한 바이러스 때문에 남쪽으로 대피했던 사람들은 다시 집으로 돌아가기 시작했다. 민족 대이동의 시기였다. 명절을 보내고 일상으로 돌아갈 때처럼, 그들은 버려두었던 집으로 돌아갔다. 다만 그사이 대중교통이 기능을 잃었고 자가용 연료 공급도 거의 불가능해져 대부분 도로를 걷고 그 위에서 잠을 자 가며 이동해야 했다. 내가 자그마한 나의 자취방으로 돌아온 것도 그때였다. 사람들이 제자리로 돌아가자 정부는 신속하게 생존자들을 체크하고 백신을 무료로 배포했다. 끝이라고 생각했다. 승리라고 생각했다. 너무 많은 사람들을 잃었지만 승리는 승리였다. 다시 예전의 생활을 되찾을 수 있다는 낯선 환희가 세상에 감돌았다. 백신이 불완전하다는 사실이 수면 위로 드러나기 전까지.

상황은 더 끔찍해졌다. 백신은 살아 있는 사람이 좀비에게 물려 서서히 죽어 가는 그 과정을 배로 늘려 놓았다. 물리자마자 즉시, 속전속결로 피를 토하고 몸을 뒤트는 경우가 더 나아 보일 정도였다. 30일이 넘는 긴 시간 동안 사람들은 두통과 발

열, 온몸을 찌르는 듯한 고통에 시달렸다. 그러다 또 며칠 눈과 코와 입으로 피를 뿜어내고, 몸을 조각내는 듯한 통증에 몇 시간이고 발작을 일으키다가, 더 이상 살아 있는 존재가 아니게 된다. 살아남은 사람들은 그 광경을 고스란히 지켜보아야 했다. 내가 사랑하는 사람은 변하지 않을지도 모른다는, 부질없는 희망 한 줄기에 매달리고 또 매달리면서.

당황한 정부는 군인들을 앞세워 제2의 전쟁을 선포했으나, 이번엔 상황이 좀 달랐다. 좀비도 인간도 아닌 애매한 상태에 놓인 가족, 연인, 친구를 도저히 포기하지 못하는 사람들이 나타난 것이다. 몇 번의 강제 격리 조치와 분쟁이 일어난 후 갈등이 극에 달하자, 정부는 매우 간단하고 잔인한 해결책을 생각해 냈다. 부작용 없이 백신의 효과를 100퍼센트 누리고 있는 젊은이들을 감염자 색출 및 처리 요원으로 투입하는 것. 지원자를 받기 위한 미끼로 내세운 것은 그 이름도 무시무시한 가산점. 대학 입학이나 취업 시 우리의 가치를 아주 조금씩 높여 주게 될 가산점.

정부의 해결책은 거센 반발을 불러왔다. 국민들은 서로를 향해 칼을 들이대는 일은 절대 없을 거라고 굳게 다짐했으나, 작은 균열은 변화를 일으켰다. 이웃집에서 숨기고 있던 감염자를 끌어내 처리한 누군가가 나타나면서 상황은 천천히 바뀌었다.

정부가 내놓은 계산법은 간단했다. '감염자의 머리'를 가져올 경우 '국가의 안전 보장을 위해 목숨을 바친 공로 인정'. 군대와 같은 조직들이 만들어지기 시작했다. 학교를 주둔지로 삼은 학생들은 교실마다 감염자들의 시체를 산처럼 쌓아 두었다. 1번: 3마리. 18번: 1마리. 31번: 4마리. 수업과는 거리가 먼 글자들이 칠판을 가득 메웠다.

사람들이 서로 치고받고 싸우는 와중에도 고고하게 멀리서 지켜보고 계시는 분들이 있다. 돈이 많아 한 자리씩 차지하신 분들. 우리가 빗물을 받아 마시며 연명하는 동안 마치 아무 일도 없었다는 듯이 지내는 사람들. 타이밍을 놓쳐 해외로 일찍 도망가지 못한 그분들은 어찌 되었건 대한민국에서 살아가야 할 자녀들을 위해 '머리통'을 모으기 시작했다. 입학이나 취직보다 돈이 더 중요한 사람들은, 소중한 머리들을 열심히 모아 그분들께 갖다 바쳤다. 최근에 사장님이 새로 시작한 사업도 '머리 모으기'다. 좀비 고기만 팔아서는 위인이 될 수 없다고 생각했나 보다. '싱싱한' 머리들이, 누가 봐도 좀비의 머리인 것들은 특히 불티나게 팔려 나갔다. 얼음을 가득 채운 박스에 담긴 채로. 그 머리들이 정말로 가산점을 위해 쓰이는지 변태들의 수집 욕구를 채워 주는 건지 제대로 확인할 길은 없지만, 알아서 무엇 하랴. 부자들의 심리란 나 같은 소시민은 이해할 수 없는 것이다.

좀비즈 어웨이

그래서 오늘도, 두 시간 빠른 퇴근과 함께 '괜찮은 머리 찾기'가 미션으로 주어졌다. 사장님이 부리는 사람들 중에서 내가 제일 작고 눈에 띄지 않기 때문에 나는 주로 수색을 담당한다. 힘이 없어 머리를 직접 가져갈 순 없기에 운반 대신 보고를 한다. 좀비의 위치와 상태를 기록해서 사장님께 제출하면 다른 사람들이 시체 혹은 머리를 가져온다.

가산점에 좀비 고기에 별별 괴상한 소문들이 불어나면서 좀비 하나도 여유롭게 차지하기 힘들어졌다. 일정 구역을 설정한 다음 한 군데도 놓치지 않고 꼼꼼히 뒤져야 한다. 자신을 노리는 사람들이 있다는 걸 본능적으로 깨달았는지, 좀비들은 최대한 사람들이 없는 곳으로 몸을 숨기기 시작했다. 버려진 건물의 화장실, 인적 없는 아파트의 경비실 같은 장소로. 좀비를 쫓는 사람들이 늘어날수록 예상치 못한 사고로 좀비가 되어 버리는 사람들도 많아졌다. 주로 중장년층. 어마어마하게 비싼 좀비 고기를 돈 주고 살 능력은 없고, 가진 건 몸뿐이라 직접 사냥터에 뛰어든 사람들이다. 좀비 고기를 먹으면 감염되지 않는다는 그 미친 소문에 매달리는 미친 사람들.

평소에는 가지 않는 구역까지 돌았다. 국한3, 4, 5동을 지나 청영동까지 왔다. 나는 발소리를 죽이지 않는다. 물려도 감염자가 되지 않는다는 안타까운 사실을 알게 된 후부터 그렇게 걷고 있다. 좀비들이 떼로 덤벼들지 않는 이상 죽이는 게 어렵지는 않다. 만약 떼로 덤벼들어 날 물어뜯고 죽여 준다면 그것도 나쁘지 않고. 침묵만 남은 거리에 내 발소리가 쿵쿵 울린다. 고요한 신전 안에 들어온 기분이다. 모든 나무와 건물들이 이방인인 나를 노려보고 있는 것 같다. 침묵과 고요함으로 무장한 그들만의 아지트를 기꺼이 망치러 왔노라. 나는 좀비를 찾아 길거리에 세워진 모든 가게들을 뒤졌다.

발바닥이 끊어지게 뒤졌지만 모조리 허탕이었다. 혹시 잘린 머리라도 있을까 싶어 신중에 신중을 더했지만 손가락 하나 발견하지 못했다. 애초에 생존자도 별로 없어 보이는 동네다. 큰 기대를 한 건 아니었지만 사장님이 마음에 걸렸다. 하늘이 서서히 붉게 물든다. 곧 집으로 돌아가야 한다. 노을이 점점 짙어질수록 사장님의 얼굴이 더 선명하게 떠오른다. 내일 쏟아질 수십 개의 피부 가죽들도. 나는 모퉁이에 처량하게 홀로 떨어진 가게에 온 희망을 걸었다. '주공반점'. 초라하고 낡은 간판이 나를 닮았다.

가게 안은 간판만큼 촌스러웠다. 옛날 중국집에서나 볼 수 있었던 옥색의 의자와 테이블들. 먹다 남은 짜장면과 짬뽕, 단무지들이 발밑에서 채인다. 가게에서는 끔찍한 악취가 흘렀다. 카운터 옆에 쓰러진 시체 위에 수십 마리의 벌레들이 옹기종기 달라붙어 있었다. 배 한가운데가 찢어진 시체다. 튀어나온 창자들이 뭉개진 채 널려 있다. 머리라도 뜯어 갈 수 있을까 했으나 아쉽게도 좀비가 되기도 전에 죽어 버린 시체였다. 눈을 마주치지 않으려고 노력하며 가게 한복판으로 들어갔다. 피 웅덩이들이 바닥에 가득했다. 사방에 떨어져 있는 팔다리며, 멀쩡해 보이는 시체들을 꼼꼼히 살폈다. 도통 쓸 만한 게 없다. 처음 습격을 당한 후에 나 같은 사람들이 많이 다녀간 것 같다.

탐색이 허사로 돌아가니, 족히 몇 년은 된 것처럼 보이는 짜장면에 자꾸만 시선이 간다. 이러니저러니 해도 결국 짜장면이다. 마지막으로 먹은 짜장면은 세 달 전에 빗물을 받아 가스버너로 끓여 먹었던 짜파게티. 이제는 가스를 구하기가 힘들어져서 먹을 수가 없는 음식이다. 나도 모르게 군침을 삼켰다. 마침 바닥 한가운데에 짜장면 그릇 하나가 떨어져 있다. 거의 손도 대지 않은 상태다. 먹어도 되지 않을까? 홀린 듯이 그 앞에 앉았다. 킁킁, 냄새를 맡자마자 절로 구역질이 올라왔다. 그래도 먹어 보고 싶다. 한 입만, 딱 한 입만.

저기요.

말소리가 들린 건 그때였다. 전혀 예상 못 한 사람의 기척에 나는 거의 까무러치며 짜장면 그릇을

내동댕이쳤다. 춘장과 하나가 된 면들이 바닥으로
철퍽 떨어졌다. 아까워라. 아쉬움과 두려움으로 이
러지도 저러지도 못하고 있을 때, 누군가 바닥을
짚은 내 손을 툭툭 두드렸다. 그동안 끔찍한 장면
을 숱하게 봐 왔지만 이 순간만큼 두렵지는 않았
다. 나는 입술을 씹으며 천천히 고개를 돌렸다. 내
오른손을 두드리고 있는 건 손가락이었다. 팔꿈치
부근에서 뜯겨 나간 팔에 달려 있는 손가락. 톡톡.
손가락이 다시 노크하듯 내 손등을 두드렸다. 낯선
이와의 접촉이다. 피를 뽑기 위해 내 팔목을 붙잡
는 선생님 말고, 내 뒤통수를 갈기는 사장님 말고,
정말로 낯선 이와의 접촉.

　　나는 흠칫 놀라 뒤로 물러났다. 바닥에 축 늘어
진 손이 천천히 손바닥을 들어 보인다. 낯선 손이
익숙한 몸짓을 한다. 양옆으로 휘적휘적. 그러다가
힘을 잃은 듯 기울어진다. 나는 그 비언어적 행위
에 어떤 의미가 들어 있는지 안다. 안녕. 그래 안녕.
근데 누구세요?

　　겁에 질려 가만히 있는 걸 호의로 해석했는지,
손은 한 방향을 가리키고는 천천히 손가락을 움직
여 그리로 이동하기 시작했다. 아까 기운을 다 쓴
줄 알았더니 손가락들은 무거운 팔뚝을 이끌고 곧
잘 움직인다. 나는 천천히 일어나서, 후들거리는 다
리를 붙잡고 손을 따라가기 시작했다. 문이 활짝

좀비즈 어웨이

열린 화장실 안. 뒤집어진 양동이 아래로 깜빡이는 눈 한쪽이 보인다. 나는 소리를 지르며 주저앉았다.

팔은 힘이 다 빠져 버린 모양이었다. 손가락으로 양동이를 한 번 툭, 치고는 늘어져서 미동도 없다. 내 손가락이 덜덜 떨리고 있다는 걸 그제야 눈치챘다. 양동이 아래의 눈이 내 손가락들을 따라 움직이고 있었다. 쪽팔렸다. 감사하게도 쪽팔림이 두려움을 이겼다. 나는 양동이를 들었다. 옆으로 눕혀진 머리 하나가 나타났다. 선생님처럼 싹둑 자른 단발머리를 하고, 가만히 나를 보고 있는 여자. 자잘한 상처를 제외하곤 멀쩡한 얼굴이지만 목 아래가 너덜너덜하게 뜯겨 있다. 좀비인가, 그냥 시체인가? 나는 조금 전에 들었던 목소리를 잊으려고 애쓰면서 얼굴을 꼼꼼히 살폈다. 저기요. 머리는 내 노력을 완전히 박살 냈다. 나는 다시 한번 소리를 꽥 지르면서 뒤로 물러났다. 같은 사람 앞에서 벌써 두 번째다. 쪽팔렸다.

"안녕하세요."
"아, 그… 네, 안녕, 안녕하세요…."

당신 때문에 별로 안녕하지 못하다.

"아, 저는 김성하라고 하는데요."
"네, 네에…."
"혹시 성함이?"
"김, 김연정입니다."

"네, 안녕하세요. 반가워요. 도망가실까 봐 걱정했어요."

지금이라도 늦지 않았다.

"놀라게 해 드려서 정말 죄송해요, 제가 원래 이런 사람이 아닌데… 실례지만 계속 쳐다보고 있었거든요. 근데 짜장면 드시려고 하길래, 나쁜 사람은 아닌 것 같아서."

나쁜 사람이 아니라면 뭘로 봤을까. 미친 사람?

"여기는 어쩐 일이세요?"

마치 자기가 이 가게 주인이라도 되는 듯한 태도다.

"주, 주인이신가요…?"
"저요? 아니요, 아니요. 도망치다가 여기까지 오게 된 건데,"
"아, 네에…."

나는 말주변이 없다. 누구든 10분 만에 지루하게 만드는 대화 실력을 가졌다. 사람들이 좀비로 변하기 시작하고 나서 유일하게 좋은 점 하나는, 그들과 더 이상 대화할 필요가 없다는 거다. 열정을 다해 말을 걸어 봤자 돌아오는 건 위장에서부터 끓어오르는 괴상한 울음소리뿐이니까. 선생님과 사장님 사이만 오가는 데 익숙해져서, 갑작스럽고 낯선 대화를 나눌 준비가 되어 있지 않다. 끝내야 한다. 더 어색해지기 전에, 내가 이 머리를 지루하게 만들기 전에, 이 머리가 내 면전에서 하품하는 꼴을 보기 전에 끝내야 한다. 도망가자. 끝내자. 나는 빠르게 눈을 굴렸다. 양동이는 아직 내 손에 있다. 앞뒤 생각할 겨를이 없었다. 다시 머리에 양동이를 씌웠다. 비틀거리며 일어나 출구를 향해 냅다 달리기 시작했다.

"잠깐만요!!!!!"

애절한 목소리가 나를 붙잡기 전까지. 나는 문 앞에서 멈춰 섰다. 심장이 금방이라도 살가죽을 뚫고 나올 것처럼 뛴다. 신발은 짜장 소스와 창자로 범벅이 되었다. 어둠이 서서히 찾아오고 있었다. 사장님께 제출할 보고는 0건이었다. 아직은 희망이 있다. 완전히 깜깜해지기 전에 몇 군데를 더 돌아보면 된다. 청영동에서 조금만 더 걸어가면 된다. 남파동에는 아마 날 기다리고 있는 좀비들이 드글드글할 것이다. 아마 내일 오후에는 파란 비닐에 싸인 시체가 정육점에 산처럼 쌓일 테고, 나는 오랜만에 피부 가죽 세례에서 벗어나겠지. 그런 생각을 하면서 문고리를 잡았다. 죄송해요. 양동이가 등 뒤에서 중얼거린다. 딱 5분만 부탁드릴게요. 나는 부탁이란 단어에 약했다.

"⋯⋯⋯⋯⋯ 진짜, 5분만⋯⋯⋯."

"네, 진짜 5분만."

감사합니다. 양동이가 재잘거린다, 나는 다시 한 번 내 손으로 양동이를 벗겨 주었다. 망했다. 이번 엔 사장님한테 정말로, 뒤통수가 아니라 다른 곳을 맞을지도 모른다. 맞아도 싸다. 죽어도 싸다.

제가요, 원래는 여기서 안 살아요. 여기서 조금 만 더 가면 나오는 대국대학교 아시죠. 모르세요? 아무튼 거기 근처에서 살거든요, 부모님하고. 일 터지고 나서 우리 가족도 다른 사람들이랑 마찬 가지로 남쪽에 있다가 올라왔어요. 올라와서 백 신 접종도 받고. 네, 그거 맞았는데… 소문이 조금 씩 퍼질 때였어요. 백신이 완성된 게 아니고 뭐 어 쩌고…. 그래도 저는 괜찮을 줄 알았어요. 어린 사 람들은 괜찮다고 해서. 그래서 너무 생각 없이 돌 아다녔어요. 혼자 돌아다니다가, 좀비 떼한테 쫓겨 서, 여기까지 왔는데… 도망칠 데가 없더라고요. 좀비들이 달려들어서 제 목을 뜯었어요. 여지없이 죽는 줄 알았는데, 눈 떠 보니까 여기 누워 있더라 고요. 눈도 보이고, 숨도 쉬어지고, 말도 할 수 있는 데 꼼짝도 못 하겠는 거예요. 목 아래가… 목 아래 가 없더라고요. 네, 저도 처음에는 꿈인가, 내가 죽 었는데 자각을 못 하는 걸까, 했어요. 저만치서 좀 비들이 다 같이 모여 가지고 뭘 뜯어 먹고 있더라 고요. 나인 것 같았어요. 그 옆에 버려진 팔 한쪽이

좀비즈 어웨이

보이는데, 내가 그걸… 움직일 수 있었어요. 내 팔이었나 봐요. 어떻게 살아남은 건진 모르지만, 이왕 이렇게 된 거 얼굴이라도 살려야 한다고 생각했어요. 팔에 힘이 안 들어가서 쉽지 않았지만, 겨우 굴려서… 여기에 숨은 거예요. 양동이도 겨우 뒤집어쓰고요. 그렇게 여기서 혼자 가만히 있었어요. 얼마나 있었는지 모르겠어요. 70일? 80일? 100일 넘었으려나? 사람들이 그동안 엄청 많이 왔다 갔는데, 전부 좀비 찾으러 온 사람들뿐이었어요. 닥치는 대로 죽이고 머리를 잘라서 가져가더라고요. 살고 싶어서 가만히 있었죠. 이유는 모르지만 살아남았으니까, 어쨌든 숨도 쉬고 말도 하니까, 아직은 인간인 것 같아서… 계속, 그냥 기다리고 있었던 거예요.

너무 많은 기억과 정보들이 한꺼번에 밀려들어온다. 정신이 아득해졌다. 이 머리, 아니 이 여자, 아무튼 이 사람이 겪었을 일들이 생생하게 눈앞에 그려지는 것 같았다. 속이 메스꺼웠다. 며칠 동안 감지 못한 머리와 창자 소스로 범벅이 된 신발은 신나게 악취를 풍겨 댔다. 죽을 것 같았다. 머리, 아니 여자가 말할 때마다 뜯긴 목 부위가 흔들거렸다. 그쪽으로 시선을 두지 않으려고 노력했다.

"네에, 근데, 그건 잘 알겠는데요."

"네."

"그래서, 저는 왜… 부르셨나요?"

본인 이야기를 들어 달라고 부른 건 아닐 테고.

"………."
"………."

침묵이다. 불안하다. 머리가, 아니 여자가 내 눈치를 보고 있다. 불길하다. 예감이 좋지 않다. 불길한 예감은 언제나 나를 피해 가는 법이 없었다.

"……… 집으로 돌아가고 싶어요."
"아."
"부탁드릴게요, 부모님이 기다리실 거예요, 제발."

말도 안 되는 소리다. 입이 절로 떡 벌어졌다. 저 여자가 누군지 어떻게 알고? 집이 어딘지는 또 어떻게 알고? 무엇보다 저 사람, 아니 머리를 들고 다녀야 하는데 내 말라빠진 팔로는 어림도 없다. 현실적으로 불가능하다.

"저기, 죄송한데…"
"별로 안 멀어요. 여기서 걸어서 며칠?"
"죄송한데, 저는 그쪽 들고 오래 걸을 만한 힘도 없고…"
"가방 같은 데 넣고 다니시면 괜찮지 않을까요?"
"저, 일도 해야 하니까 시간을 빼는 게 어려워서."

좀비즈 어웨이

"일요? 아, 한창 그럴 때구나. 머리가 필요한 거죠?"

그럼 부모님만 만나게 해 주면 내 머리 줄게요. 여자는 그렇게 말했다. 한 치의 주저함도 고민도 없었다. 바닥에 떨어진 아이스크림을 두고 울고 있는 아이에게 내 아이스크림 줄게요, 하는 것 같은 말투였다. 나는 아이스크림을 굉장히 좋아하지만 만약 내 앞에 울고 있는 아이가 있다면 기꺼이 내 아이스크림을 줄 수 있다. 좀 아쉽기는 해도, 아이스크림이야 다음에 먹으면 되니까. 하지만 머리는? 머리가 없어 울고 있는 아이에게 내 머리를 쉽게 줄 수는 없다. 머리는 다시 자라지 않는다. 한번 줘 버리면 끝인 것이다. 여자는 담담하게 내 얼굴을 보고 있었다. 그 안에 간절함이 깃들어 있다. 간절함과 절박함, 나는 비참한 것들에 약하다. 애써 그러지 않으려고 노력해도 약한 건 약한 거다.

"머리 필요 없어요."

"… 없어요? 사실 처음 들어왔을 때부터 보고 있었거든요. 시체 뒤지길래 머리가 필요한 거라 생각했는데… 취업 준비 안 해요? 아, 혹시 입시인가? 입시라면 미안해요. 성숙해 보여서…."

"저는 필요 없어요."

"… 그럼 팔이라도 줄까요?"

"저 정육점에서 일해요."

"아."

불편한 침묵이 이어진다. 여자는 내가 건넨 마지막 말을 곱씹어 보는 것 같다. 정육점. 시체 더미를 열심히 뒤지던 나. 나는 쐐기를 박았다. 제가 그쪽을 가져가면, 고기가 되시거나, 가산점 때문에 팔려 나가시거나, 둘 중 하나일 거예요. 둘 다일 수도 있어요. 머리도 팔도 상태가 좋아서…. 신나게 재잘거리다 멈췄다. 어려운 부탁을 거절하려고 역겨운 짓을 했다. 남의 불행을 신나게 전시했다. 구구절절 쓸데없는 설명까지 곁들여서. 여자는 잠시 가만히 입을 다물었다가 결심한 듯 중얼거렸다. 어떻게 되든 상관없어요. 아, 그 누구의 눈에도 띄지 않고 그저 죽은 사람처럼, 의미 없이 조용하게 살려고 노력했는데.

난 그 자리에 한참을 머물러 있었다. 한숨을 쉬었다가 주저앉았다가 일어났다가 온갖 산만한 짓을 반복하면서. 여자는 내가 다리를 덜덜 떠는 동안 가만히 눈치만 보고 있었다. 안쓰러웠다. 목이 잘린 채로 살아 있는 건 끔찍한 일이다. 나와 저 여자의 처지를 바꿀 수 있었으면 좋겠다고 생각했다가, 나에겐 이런 동정을 할 자격이 없다는 생각이 불쑥 솟았다가, 생각이 생각의 꼬리를 물고 끝도 없이 이어졌다. 생각의 산을 헤매면서도 딱 하나만은 확신했다. 나는 이 여자를 집으로 데려다주지 못한다. 그러기에는 너무 느리고 약하다. 겁이 많고 비겁하다. 실패할 것 같은 일은 애초에 시작도 하지 않는 게 좋다. 나는 자리에서 일어나면서 애써 웃었다.

"그, 저, 내일 다시 와도 될까요?"
"… 내일요?"
"네에, 저, 가려면 준비도 해야 하고. 사장님께 말씀도 드려야 하고."
"… 들어주시는 거예요?"
"네."

감사합니다, 정말 감사합니다. 제 머리랑 팔 다 가지셔도 돼요. 만약 여자에게 몸이 온전하게 붙어 있었다면, 몇 번이고 나에게 허리 숙여 인사했을 거란 생각이 들었다. 여자는 입을 크게 벌려 웃었고, 눈을 열심히 깜빡거렸다. 그가 건넬 수 있는 최대한의 몸짓을 보여 주고 있었다. 쉴 새 없이 쏟아지는 깜빡거림에 발이 자꾸만 붙들린다. 나는 가게를 나가며 몇 번이고 뒤돌아보았다. 밖은 어두웠다. 내일 봐요. 여자가 내 뒤통수를 향해 소리쳤다. 대답하지 못했다.

방은 온기 없이 싸늘했다. 들어가자마자 창문부터 활짝 열어젖혔다. 발 디딜 틈도 없이 쌓여 있는 잡동사니들 위로 달빛이 희미하게 깔렸다. 구석에 간신히 몸을 눕히자 걱정이 밀려온다. 내일 사장님께 뭐라고 말해야 할까. 피부 가죽들은 새로 두껍게 쌓아 놓으셨을까. 새벽에 비가 와야 머리를 감을 텐데 비가 오지 않으면 어쩌지. 다음 식량 배식이 언제더라. 싸늘함이 조금이라도 가시길 바라며 몸을 웅크렸다. 여자는 잘 있을까. 아마 내일은 나를 기다리겠지. 그 여자가 나를 포기하려면 얼마만큼의 시간이 필요할까? 하루? 이틀? 일주일? 한달? 설마 그렇게 오래? 불안함에 가슴이 울렁거린다. 목구멍이 답답했다. 방바닥에는 노트 한 장이 팔랑대고 있다. 적혀 있는 글씨체가 익숙했다.

[다음 달에 보자. 그때까지 열심히 살고 있어.]

한때 우리의 신이었던 스마트폰은 정체 모를 바이러스가 퍼지면서 언제 그랬냐는 듯 쓸모를 잃었다. 통신망 관리자들이 대거 좀비로 변하면서 인터넷 기기도 전화기도 먹통이 되었다. 복구가 진행 중이란 소식이 들렸지만 전화나 인터넷이 잘 터지는 곳을 찾는 건 완벽한 상태의 좀비를 찾는 것만큼 어려웠다. 스마트폰은 10대들이 발랄하게 좀비와 셀카를 찍는 용도로만 쓰였다. 안부를 전하기 위해선 먼 길을 직접 가야 하는 세상이 되었다. 비밀스러운 말들, 차마 얼굴을 보고 건네지 못하는 말들을 전하기 위해선 메신저 대신 편지를 써야 했다.

엄마는 내 방을 볼 때마다 한숨을 쉬었다. 아마

이번에도 잔뜩 쌓여 있는 물건들을 어떻게든 정리해 보려고 애쓰다가 집으로 돌아갔을 것이다. 엄마는 항상 열심히 살아야 한다고 했다. 누구도 피할 수 없는 재난이 휘몰아치는 시대에 어리다는 이유로 자유로울 수 있는 건 축복이라고 했다. 굴러다니던 노트에서 한 장을 북 찢어 그 위에 가볍게 휘갈기는 엄마의 모습이 떠오른다. 문득 안 그래도 좁은 내 방이 더 좁아지는 듯한 착각이 든다. 아슬아슬하게 쌓여 있는 물건들이 내 위로 쏟아지는 것 같다.

오늘도 피부 세례. 나는 사장님의 인사를 얼굴로 받으며 가만히 서 있었다. 한숨도 못 잤다. 오늘 새벽에도 비는 내리지 않았다. 마지막 남은 물은 모조리 마셔 버렸다. 무슨 생각으로 그랬는지 알 수가 없었다. 오늘은 팔다리 열 개를 배송해야 하고 새로 들어온 시체를 조각내야 하고 사장님이 자리를 비우는 동안 가게도 지켜야 한다. 배달부 한 명이 실수를 하는 바람에 사장님은 단단히 화가 났다. 나더러 왜 이렇게 굼뜨냐고 소리를 한 번 질렀다가, 뭘 가져와야 하는지 알려 주지도 않고 냉동실로 가라고 소리쳤다가, 왜 빈손으로 오냐고 피부 한 번 던졌다가, 모든 게 그런 식이었다. 나는 팔다리를 옮기고 허벅지를 자르고 사장님이 나가는 걸 지켜보는 동안 그 머리에 대해 생각하고 있었다.

이런 상황 아니었으면, 너는 진작에 잘렸어. 사장님은 그 말을 마지막으로 가게를 비웠다. 나는 카운터에 앉아 진열된 고기들을 가만히 지켜보고 있었다. 파리가 달라붙지 않게 한두 번씩 부채질을 해 줘야 한다. 카운터에는 어디서 구해 왔는지 깨끗한 생수병 하나가 놓여 있었다. 사장님이 마시는 물이다. 사장님의 거대한 가방은 구석에 대충 구겨져 있다. 파리 한 마리가 허벅지 살 위에 사뿐히 내려앉았다. 부채질하고 싶지 않았다. 대신 사장님의 가방을 집어 들어 안을 비우기 시작했다. 쓸데없는 물건들은 다 버렸다. 사장님이 간식으로 자주 먹는 초코바는 내버려 뒀다. 생수병도 챙겼다. 창고로 뛰어 들어갔다. 부서진 각목 몇 개를 주워 담았다. 끈, 비닐, 천, 괜찮아 보이는 건 모조리 가방에 쑤셔 넣었다. 짐을 충분히 꾸렸는데도 가방은 생각보다 가벼웠다. 새벽 내내 나를 짓누르고 있었던, 정체 불명의 이름 붙일 수 없는 그 무언가와는 다르게.

　편지를 남겨야 하나 잠깐 고민했다. 3일만 다녀올게요. 아니다. 휴가 좀 다녀올게요? 이것도 별로. 퇴직금은 안 주셔도 됩니다. 영영 안 돌아올 거예요. 가다가 죽을지도 몰라요. 죽어도 별로 상관은 없는데, 제 생각엔 아마 못 죽을 거 같아요. 나는 정육점 유리문에 붙어 있는 전단지를 보았다. '당신은 아무것도 아니지만 무엇이든 될 수 있다.

좀비즈 어웨이

20~29세 지원 가능.' 가산점 사냥꾼 모집 전단지다. 전단지를 뒤집어 하얀 백지 위에 적어 내려갔다. 잠시 떠납니다. 돌아오지 않을지도 모릅니다. 전단지는 카운터 위에 올려 두었다.

더 생각하기 귀찮다. 나는 정육점을 나와 무작정 달리기 시작했다.

우리는 말을 놓기로 했다. 성하는 나보다 한 살이 많았지만 언니라는 호칭은 낯간지럽다고 해서 그냥 이름을 불렀다. 나는 각목 여러 개를 줄로 묶어 고정시킨 다음 그 위에 성하를 올렸다. 각목과 성하의 목을 비닐로 칭칭 감고 줄로 여러 번 단단히 묶었다. 가방에 성하를 넣으면 목의 중간 정도에서 지퍼가 잠겼다. 가방을 메면 성하의 뒤통수가 내 뒤통수에 닿았다. 성하는 이 운반법이 괜찮은 아이디어라고 했다. 오랜만에 듣는 칭찬이었다. 등산용 가방에는 물을 끼울 수 있는 주머니도 있었다. 성하의 팔을 넣기에 딱 안성맞춤이었다.

길 한복판에서 좀비 떼를 만날 걱정은 할 필요가 없는 세상이다. 군인들도 많이 배치되어 있고, 군인보다 더 집요한 가산점 사냥꾼들이 좀비의 좀 자만 들려도 모조리 씨를 말려 버리기 때문이다. 운동회에서 항상 꼴찌만 했던 나보다 좀비들이 더 느리니까 걱정할 필요 없다고 누누이 말을 해도, 성하는 한사코 자기가 뒤를 봐 주겠다며 고집을 부렸다. 성하는 뒤를 보면서 길도 안내했다. 좌회전, 우회전, 직진, 횡단보도 건너, 모퉁이에서 꺾어. 뒤통수에 내비게이션이 달린 것 같았다.

아까 다시 성하를 만나기 위해 주공반점의 문을 열었을 때, 성하는 아이스크림을 떨어트린 아이 같은 표정을 하고 가만히 누워 있었다. 나는 지난 23년 동안 날 보고 그렇게 기뻐하는 사람을 본 적이 없었다. 고맙다는 인사에 대꾸할 말이 없어서 괜히 물었다. 포기했었죠? 누가 봐도 체념한 사람의 얼굴이었는데 성하는 맹세코 아니라고 우겼다. 분명히 올 거라고 생각했단다. 내일 봐요, 인사했는데 대답 안 한 건 좀 마음에 걸렸지만, 그래도 분명 올 거라고 생각했단다. 어떻게 그렇게 확신했어? 나중에 다시 물었을 때 성하는 이렇게 대답했다. 내 얘기 들어 줬으니까. 그리고 덧붙였다. 내가 엄청 불쌍하게 매달리긴 했지만.

성하는 배고픔도 갈증도 아픔도 느끼지 못한다고 했다. 산소도 필요 없을지도 몰라. 내가 숨을 쉬고 있다고 착각하는 건 아닐까? 그러더니 아예 가방에 넣어 버려도 된다고 했다. 성하가 뭘 걱정하는진 알고 있었다. 일주일에 한 번은 동별로 검진이 이루어지고 한 달에 한 번은 식량과 보급품 분배가 이루어진다. 예전만큼은 아니더라도 밖을 돌아다니는 사람이 꽤 있다. 그리고 내 가방에는 머리와 팔이 대롱대롱 달려 있다. 주기적으로 순찰하는 군인들은 물론이고 좀비를 찾아 몰려다니는 가산점 사냥꾼들을 만나기라도 한다면, 성하의 동네에 도착하기도 전에 나는 쫓기는 신세가 될 것이다. 어쩌면 사장님도 지금쯤 날 쫓아오고 있을지 모른다. 그건 좀 오싹하다.

"가방 속에 들어가면 앞도 안 보이고 답답하잖아."
"어차피 목소리도 들리고 상관없는데… 쓸데없는 데서 친절하네."

성하의 평가에 솔직히 좀 상처받았다. 그래도 가방에 넣는 것보단 조심스레 돌아다니는 게 낫다. 나는 최대한 사람들을 피해 다녔다. 인적이 없는 길만 골라 걸었고, 말소리라도 들리면 몸을 숨겼다. 가산점 사냥꾼들은 우리를 여러 번 지나쳐 갔다. 그들이 향한 곳에선 좀비 울음소리와 고함 소리가 몇 번씩 들렸다. 나는 초코바를 먹고 물을 마시면서 걸었다. 성하는 초코바를 한 입 씹더니 못 먹겠다며 뱉어 냈다. 먹여 살려야 하는 입이 하나뿐이라 그나마 다행이었다. 대부분의 편의점은 이미 모조리 털린 지 오래였으므로. 이렇게 생각하는 내가 너무 나쁜 놈이냐고 물었더니 성하는 아니라고 했다.

"아, 맞다."

"왜?"

"머리 냄새 안 나? 미안, 거의 일주일째 못 감아서…."

"괜찮아. 나도 한 달 넘게 못 감았는데 뭐. 한 달이 뭐야, 언제 마지막으로 감았는지 기억도 안 난다."

그런 것치고는 성하의 머리에선 아무 냄새도 나지 않는다. 그것도 백신 부작용의 일부분일까? 나는 변명하듯 덧붙였다.

"비가 요새 계속 안 내렸거든. 물 받아 놓은 게 없어서 못 감았어."

"어쩔 수 없는 건데 뭐. 나 무겁진 않아?"

"어… 별로."

거짓말이었다.

"괜찮아."

"그래 그럼."

거짓말은 세 시간도 못 가서 들통이 났다. 깨끗하게 비운 생수병 안에는 물 한 방울 남아 있지 않았다. 분명 선선한 날씨인데도 땀이 비 오듯 쏟아졌다. 땀으로 축축하게 젖은 등은 가방 때문에 마를 새가 없었다. 걸음이 급격하게 느려지자 성하는 내 상태를 눈치챘다. 좀 쉬었다 갈까? 산책로에 놓인 벤치 위에 앉았다. 가방은 성하가 앞을 볼 수 있도록 돌려놓았다. 해가 뉘엿뉘엿 지고 있었다. 도

좀비즈 어웨이

로에는 개미 새끼 하나 없었다. 나는 헉헉거리며 아무것도 나오지 않는 생수병에 입술을 가져갔다. 목이 말랐다.

하늘이 온통 붉은색이었다. 푸른 셀로판지를 붉은색으로 갈아 끼운 것 같다. 저 멀리서 희미하게 좀비 울음소리가 들렸다. 문득 무기가 하나도 없다는 생각이 들었다. 아, 정육점에서 뭐라도 가져올걸. 그렇게 대책 없이 달려 나오는 게 아니었다. 이제 초코바도 몇 개 없는데, 앞으로 뭘 먹어야 하지? 그 전에 잠은 어디서 자야 하지? 다리가 덜덜 떨렸다. 손톱을 미친 듯이 물어뜯었다. 내가 얼마나 어리석고 무모한 짓을 저지른 건지 이제야 실감이 났다. 항상 이런 식이다. 분수에 맞지도 않는 일을 무작정 저지르고 남에게 폐를 끼친다.

나는 벤치에 앉아 질질 짜기 시작했다. 돌아갈 곳도 없고 나아갈 곳도 없는 내 신세가 죽을 만큼 쪽팔렸다. 누가 죽여 줬으면 좋겠는데 쉽게 죽을 수도 없다. 사는 것보다 죽는 게 훨씬 쉬운 세상인데도 말이다. 젊고 건강한 탓이다. 좋겠어요, 선생님이 그랬던가. 하나도 좋지 않다. 뭐라도 할 것처럼 문을 박차고 나와서는, 해가 진다고 처량하게 울고 있는 게 부끄럽다.

지금이라도 돌아가야겠다는 생각이 들었다. 손이 발이 되도록 싹싹 빌면 아무리 사장님이라도 내

치진 못할 테니까. 한 번의 실수, 하루의 일탈. 그렇게 수습하면 다시 일상으로 돌아갈 수 있을 테다.

"… 미안해."

뚝뚝 떨어지던 눈물이 성하의 사과에 거짓말처럼 그쳤다. 지금이라도 돌아가도 괜찮아. 그 말이 그렇게 반가울 수가 없었다. 지금부터 죽어라 뛰면 한밤중이 되기 전에 집에 도착할 수 있을 것이다. 일단 눈물을 닦고 심호흡을 했다. 어둠이 스멀스멀 기어들어 오고 있다. 거대한 아가리를 벌리고 나를 삼키기 위해 다가온다. 그래, 돌아가자고 하자. 미안하지만 더 이상은 못 도와주겠다고, 호기롭게 달려 나왔지만 아무래도 나한텐 무리였다고. 다른 사람에게 부탁해 보라고 하자. 나보다 더 강하고 열정적인 사람, 머리를 준다고 하면 기꺼이 달려올 누군가에게. 아니면 내가 직접 그런 사람을 찾아줄 수도 있다. 성하를 그에게 건네주면 나는 다시 일상으로 돌아갈 수 있다.

"진짜 미안해."
"응."

심호흡은 끝났다. 나는 주저하다가 말했다. 잠은 어디서 잘까.

성하는 근처에 있는 편의점을 골랐다. 깜깜한 편

의점 안을 바닥에 떨어진 라이터로 밝혔다. 누가 이미 여러 번 털어 갔는지 남은 상품이 거의 없었다. 배를 채우는 데 도움이 될 것 같지 않은 곰돌이 젤리 한 봉지. 새콤달콤 포도 맛. 껌 서너 개. 곰돌이 젤리를 봉지에서 꺼내 질겅질겅 씹었다. 선생님이 나눠 주던 식량에는 항상 최소한의 것들만 들어 있었다. 아마 여기 있는 것들을 가져다가 팔면 웬만한 좀비 고기보다 비싼 값을 받을 터였다. 나는 성하의 목에 묶인 끈과 비닐을 풀었다. 각목들을 가방에 넣고 성하의 목을 카운터에 올려 주었다. 젤리 줄까. 내가 묻자 성하는 얌전하게 입을 벌렸다. 성하는 젤리를 열심히 씹다가 결국은 뱉어 냈다. 맛이 느껴지지 않는다고 했다.

성하의 팔을 마저 카운터에 올려 두고 편의점 안을 꼼꼼히 살폈다. 혹시 숨어 있는 좀비는 없는지, 성하의 명령에 따라 직원용 사무실 안도 뒤졌다. 찾은 건 피범벅이 된 반쯤 남은 도시락뿐이었다. 모니터와 책상도 모조리 피로 덮여 있었고, 검붉은 색으로 젖은 박스들은 내용물을 누가 가져갔는지 깨끗하게 비어 있었다. 나는 비교적 피가 묻지 않은 박스들을 뜯어다가 카운터 아래에 깔았다. 여러 개를 겹친 뒤 그 위에 비닐을 덧댔더니 제법 아늑한 이부자리가 만들어졌다.

"정육점에서는 무슨 일 해?"

조금이라도 더 편하게 만들어 보겠다고 비닐을 이리저리 움직이고 있는 와중에 성하가 갑작스러운 물음을 던졌다. 불편한 질문이었다.

"그냥, 사장님이 하라는 거 아무거나."

"어떤 거?"

"포장 같은 거 돕고, 창고 정리하고… 고기도 썰고, 그런 거."

성하는 뭔가 골똘히 생각하는 듯했다. 카운터에서 기어 다니던 팔이 아래로 툭 떨어졌다. 비닐 위에 안착한 팔은 열심히 돌아다니며 나 대신 구겨진 비닐을 펴기 시작했다.

"근데 좀비를 왜 먹어?"

백신 맞아도 좀비가 되는 사람들이 생겨서. 이상한 소문이 돌더라고, 좀비를 먹으면 면역자가 되어서 감염이 안 된다나. 내가 대답하는 사이 이부자리 위를 총총거리던 팔은 손가락으로 바닥을 톡톡 쳤다. 한번 누워 보라는 뜻인가 보다. 나는 엉거주춤 비닐 위에 몸을 눕혔다. 생각보다 괜찮았다. 잡동사니 틈으로 몸을 구겨 넣어야 했던 내 자취방보다 훨씬 나았다. 발을 쭉 펴 보았다. 다리가 저릿했다. 다리를 주무르고 있는데 성하의 손이 다가왔다. 내 다리 위로 올라와 움직이려는 걸 밀어냈다. 괜찮아, 내가 하면 돼.

좀비즈 어웨이

"가산점도 이상하다고 생각했는데 좀비를 먹으면 된다는 소문은 더 이상하네."

나는 성하의 팔을 들어서 다시 카운터 위로 올려놓고 물었다.

"처음 들어?"

"처음 들어. 말했잖아, 백신 맞고 얼마 안 돼서 바로 이렇게 됐거든. 완성이 안 된 백신이라고 듣긴 했는데 이 정도일 줄은 몰랐지."

눕혀 줄까. 그렇게 묻자 성하는 대답하지 않았다.

"안 잘 거야?"

"잠이 안 와."

"너무 초저녁인가?"

"이렇게 되고 계속 그랬어."

멍청이. 나는 입을 다물었다. 성하는 백신을 맞고 좀비에게 물렸고 목을 뜯겼다. 좀비가 되지 않은 채로 살아남았다. 대신 먹지도 마시지도 못하고 잠도 자지 못한다. 살아남았지만 완전한 인간으로는 남지 못한 것이다.

"100일 넘게 거기 있었다며."

"사실 몰라. 70일 넘은 후부터는 안 세어 봤어, 귀찮아서."

"그럼 그동안 잠도 못 자고 뭐 했는데?"

"생각했지."

한 번쯤은 말을 걸어 볼 만한 사람이 들어오지 않을까 하는 생각. 나는 주공반점을 떠올렸다. 짜장 소스와 핏자국이 하나처럼 어우러져 있던 공간. 성하는 자신이 먹지 않아도 자지 않아도 죽지 않는다는 것을 언제부터 알게 되었을까? 찢어진 팔을 자유자재로 움직일 수 있다는 걸 알았을 땐 어떤 기분이었을까? 나는 달팽이처럼 양동이 속에 머리를 숨긴 성하를 기억했다. 성하의 작은 세상에 침입한 나는 먹다 남은 짜장면이나 뒤지던 한심한 인간이었다. 내 첫인상이 어땠는지는 굳이 묻지 않기로 했다.

"문 잠가야겠다."

나는 성하의 말에 자리에서 일어났다. 금 하나 가지 않은 유리문은 이 편의점에서 유일하게 든든한 부분이었지만, 어떤 일이 벌어지게 될지는 아무도 모르니까. 성하가 보초를 서 봐야 소용없을지도 모른다. 나는 잠들기 직전까지 몇 시간을 뒤척이지만 한번 잠들면 쉽게 일어나지 못한다. 나는 닫힌 문 앞에 서서 위쪽의 잠금장치를 향해 손을 뻗었다. 발뒤꿈치를 세우고 팔을 최대한 높이 올렸다. 온몸의 근육들이 팽팽하게 당겨 고통을 호소한다. 어깨에 든 시퍼런 멍 부근이 뻐근하다. '오른발- A급'이 나에게 남긴 유일한 흔적이었다. 내가 도와줄게. 나는 성하의 말을 한 번에 이해하지 못하고 눈만 깜박였다. 성하가 곁눈질로 자신의 팔을 흘끔거렸다. 카운터를 두드리던 손이 나에게 다시 한번 인사했다.

나는 성하의 팔을 잡고 높이 들어 올렸다. 아무리 뻗고 뻗어도 닿지 않았던 곳에 성하의 손가락이 쉽게 안착했다. 찰칵. 잠금장치가 돌아가는 소리가 났다. 딱딱한 젤리를 씹어 삼키는 일보다 더 쉬웠다. 나는 잠깐 웃었다. 키가 순식간에 180센티미터가 된 것 같았다. 성하도 낄낄거렸다.

카운터에 팔을 다시 올려놓았다. 성하는 머리를 밖으로 향하게 돌려 달라고 했다. 부탁을 들어주고 본격적으로 자리에 누웠다. 짧게 잘린 성하의 머리카락 아래로는 목이 흉하게 뜯겨 나간 흔적이 선명하게 남아 있다. 성하는 밖을 주시하면서 짧게 속삭였다. 고마워. 그리고 덧붙였다. 내일 봐.

아침부터 비가 내렸다. 너무 많이 내려서 세상이 이러다가 잠기는 건 아닐까, 걱정이 될 정도였다. 우리는 비가 그칠 때까지 편의점에 있다가 이동하기로 했다. 기다리는 동안 나는 남은 젤리를 모조리 씹어 삼켰고 나가서 빗물을 마셨고 머리도 감았다. 10분 동안 밖에 있던 내가 오들오들 떨면서 들어오자 성하는 짧게 웃었다. 젤리도 먹어야 하고 물도 마셔야 하니, 사는 게 너무 귀찮고 복잡하지 않냐고 성하가 장난스레 말했다. 비가 그친 세상은 오랜만에 반짝거리고 생기가 돌았다. 나는 성하를 각목에 묶었다. 가방에 넣은 성하를 챙긴 뒤 다시 걷기 시작했다.

"너는 왜 안 해?"
"뭘?"

겨우 24시간 남짓한 시간을 함께 보냈을 뿐이지만, 나는 그사이에 성하의 습관 하나를 알게 되었다. 다짜고짜 침묵을 깨고, 중요한 부분이 빠진 질문을 툭 내뱉는 것이다. 질문에는 대답을 은근슬쩍 피할 수 없게 만드는 힘이 숨어 있다. 그래도 이번만큼은 피하고 싶었다.

"사냥꾼 일."
"안 하는 게 아니라 못 하는 건데."
"왜 못 하는데?"
"머리 좋고 빠르고 힘센 사람들만 하는 거라서."
"별로 안 그런 사람들도 있는 것 같던데."

성하는 방금 우리 곁을 스쳐 지나간 사냥꾼 무리를 들먹이면서 그렇게 말했다. 우리는 사냥꾼들이 좀비 울음소리를 쫓아 우리의 시야에서 사라질 때까지 박살 난 카페 안에 숨어 있었다.

"그런 사람들이 제일 대단하지."

나는 그렇게 대답하고 카페에서 주운 부서진 쿠키 조각을 입에 넣었다. 매끈한 아스팔트 위를 걸을 때마다 성하의 뒤통수가 내 뒤통수에 닿는다. 우리는 서로 다른 방향을 보며 이야기를 한다. 성하의 눈을 보며 말해야 했다면, 나는 지금처럼 조잘거리지 못했을 것이다.

"취업 준비 안 해?"
"사방이 좀비투성인데 뭣 하러 해."
"금방 원래대로 돌아갈 텐데, 얼마 안 걸릴걸."
"상관없어."

나는 속도를 높였다. 일부러 발바닥에 체중을 실어 걷기 시작했다. 여기서 좌회전. 내비게이션이 말을 한다. 왼쪽으로 꺾었다. 도로가 끝도 없이 쭈욱 이어진다. 나는 초록색 표지판에 쓰인 글자를 읽었다. 상호역. 나 데려다주고 나면, 엄마 아빠랑 인사만 하고 나면, 성하가 말을 이었다.

"머리 가져가도 돼. 가져가서 가산점 달라고 해."
"됐어, 좀. 필요 없다니까."
"난 정육점도 상관없긴 한데 그래도,"
"그만해."

자기 머리 가져가라는 얘기를 참 쉽게도 한다. 나는 그냥 배달부고, 성하는 의뢰한 사람에 불과하다는 걸 나도 안다. 알고는 있지만 얄팍한 관계를 자꾸만 상기시키는 성하가 그리 썩 마음에 들지 않았다. 나는 거의 쾅쾅거리며 걷기 시작했다. 일부러 몸을 최대한 흔들거렸다. 멀미나 실컷 겪어 보라지. 멀미가 나긴 할지 모르겠지만. 한 5분쯤 그렇게 걸었을까. 슬슬 그만해야겠다, 하고 내 부끄러운 체력이 한계를 알릴 때쯤, 성하가 평온한 목소리로 말했다. 내 팔 떨어졌어. 나는 멈춰 서서 뒤로 돌았다. 성하의 팔이 저만치 거리에서 열심히 기어오고 있었다. 왜 이제 말해. 나는 화를 내고 팔을 걷어붙였다. 땀으로 온몸이 끈적거렸다.

"팔목에 흉터 봤어."

거둔 팔을 가방에 꽂아 넣는데 성하가 그렇게 말했다.

"물린 거야?"
"응."
"일부러?"

걸음을 멈췄다. 일부러? 일부러 그랬었나? 너무 오래전이다. 기억이 잘 나지 않는다. 살아 있는 사람이라면 무조건 맞아야 했던 백신은 나를 특별한 존재로 만들었다. 나는 좀비에게 물려도 좀비가 되지 않는다. 이로써 죽을 수 있는 가능성이 급격하게 줄어들었다. 내 의지에 의해서가 아니라, 강제로 어쩔 수 없이 죽음을 맞이할 수 있는 가능성이. 좀비가 낸 상처가 아물기 시작하면서부터 나는 좀비에게 물렸던 그날의 기억을 잊으려고 노력했다. 죽을 이

좀비즈 어웨이

유도, 그렇다고 살 이유도 없어 흘려보낸 하루하루가 그날을 점차 흐릿하게 만들었다. 다시 걸음을 옮긴 나는 큰 도로를 벗어나 작은 골목으로 접어들었다. 씩씩거리며 걷는 동안 성하는 내 대답을 기다리고 있는 듯 침묵을 지켰다. 나는 입을 꾹 다물었다.

"연정아."

성하가 등 뒤에서 나를 부른다. 나는 여전히 대답하지 않고 걷기만 했다. 연정아. 다시 한번, 연정아. 그리고 또다시 한 번. 대답하지 않을 것이다. 대답하지 않아도 된다. 내가 성하를 지루하게 만들더라도 상관없다. 야! 성하가 소리쳤다. 문득 그 소리가 굉장히 멀리서 들렸다. 나는 뒤로 돌았다. 멍청이. 가방이 갑자기 가벼워진 것을 눈치채지 못했다. 성하는 저 멀리 길 한가운데에 뚝 떨어져 있었다. 그리고 그 뒤로 교복을 입은 사냥꾼 무리가 걸어오고 있었다.

어? 맨 앞에서 걸어오던 사냥꾼이 소리친다. 떠들고 있던 사람들이 모조리 성하를 발견했다. 심장이 철렁 내려앉았다. 무작정 달리기 시작했다. 나는 아주 느리다. 좀비 사냥에 단련되었을 저들이 나보다 빠를 확률은 100퍼센트였다. 내가 더 유리한 점은 먼저 출발했고, 좀 더 성하와 가까이 있다는 것뿐.

얼굴에 뜨끈하게 열이 올랐다. 헉헉거리며 성하

를 품에 안았다. 선두로 달려오는 사냥꾼은 나보다 한참 앳된 얼굴을 하고 있었다. 성하를 향해 한껏 뻗은 손이 금방이라도 닿을 듯 가까웠다. 간절함과 절박함. 나는 비참한 것들에 약했지만 이번엔 봐줄 수 없었다. 성하를 안고 냅다 달리기 시작했다. 무거워 죽을 것 같았다. 등 뒤에서 고함 소리가 들렸다. 폐가 팽팽하게 부풀어 올라서 터질 듯하다. 나는 한 손으로 성하의 머리를 단단히 붙들고, 다른 손으로는 성하의 팔을 잡았다. 다리에 힘이 빠져 달리는 속도가 떨어지기 시작했다. 바로 뒤에서 낯선 숨소리가 들렸다. 내 머리에 거대한 충격이 가해졌고, 나는 앞으로 고꾸라졌다. 품에서 튕겨 나간 성하의 머리가 저만치에서 데굴데굴 굴렀다.

나를 때린 반동으로 주저앉은 사냥꾼을 뒤로하고 나는 다시 데굴데굴 굴러가는 성하를 쫓았다. 체육 시간에도 이렇게 간절하게 축구공을 따라가 본 적이 없었다. 나 때문에 한 골이 먹히리라는 걸 알면서도, 결국엔 선수 명단에서 빠지게 된다는 걸 알면서도, 이후로 체육 시간마다 바닥에 앉아 그림만 그리게 될 거라는 걸 알면서도, 이렇게 죽을힘을 다해 공을 쫓아간 적이 없었다. 벽에 닿으면서 성하가 멈췄다. 나는 성하를 집어 들었다. 좌회전, 좌회전. 내비게이션이 감사하게도 제 할 일을 한다. 나는 왼쪽으로 꺾어서 달렸다. 아까 먹은 곰돌

좀비즈 어웨이

이들이 목구멍으로 나오겠다고 난리였다.

또다시 벽이 등장했다. 그 앞에서 숨을 몰아쉬는데 발걸음 소리가 다가온다. 사냥꾼은 나만큼이나 지친 얼굴을 하고 있었다. 동료들은 그에 비하면 한참 느린 모양인지 이번에는 혼자였다. 팔, 팔. 성하가 속삭였다. 나는 손에 쥔 성하의 팔을 들어 앞을 막았다. 언제 꺼낸 건지 성하의 손은 각목 하나를 쥐고 있었다. 사냥꾼이 그제야 동요했다. 성하의 팔을 쥔 내 손이 약하게 떨렸다. 각목도 함께 떨렸다. 부들부들. 사냥꾼도 떨고 있었다. 나는 간절함과 절박함에 약했다. 비참한 건 나를 자꾸 약하게 만들었다. 나는 성하의 팔을 흔들었다. 성하는 내 뜻을 알아챘는지 잠시 주저하다 각목을 떨어트렸다. 좀비 아니에요. 내가 그렇게 말했고 사냥꾼이 성하를 바라보았다. 하하. 성하는 어색하게 소리 내어 웃었다. 지금 상황에서 할 수 있는 최악의 행동이었다.

사냥꾼은 우리를 가만히 바라보았다. 교복 차림인데 치마 아래로는 체육복 바지를 입고 있었다. 피로 얼룩진 이름표에 새겨진 이름은 잘 보이지 않았다. 재인아! 자신을 부르는 소리였는지 사냥꾼은 뒷걸음질 쳤다. 그는 이내 모퉁이를 돌아 멀어져 갔다. 그가 뒤따라온 무리에게 무슨 말을 했는지는 모르지만, 떠들어 대던 소리가 점차 사라졌다. 나는 한참이나 헥헥거리며 숨을 골랐다.

"와."

성하가 짧은 감탄사를 날렸다.

"구해 줘서 고마워."

나는 널 구하지 않았다고 말하고 싶었다. 내가 한 짓은 데굴데굴 굴러가는 널 쫓아간 것밖에 없었다고 변명하고 싶었지만 목소리가 나오지 않았다. 그래서 그냥 고개를 끄덕였다. 이 정도는 인정해도 괜찮지 않을까 싶었다. 너무 굴렀더니 진짜 어지럽다. 나는 그렇게 중얼거리는 성하의 얼굴을 뒤덮은 모래를 털어 주며 킥킥거렸다.

성하를 데리고 다시 걷기 시작했다. 나는 예전보다 더 자주 이야기를 꺼냈다. 흔들거릴 때마다 닿는 뒤통수가 이젠 제법 편안해졌다. 나는 곰돌이 젤리 중에서 어떤 색을 제일 좋아하는지 이야기했고, 매주 만나는 선생님에 대해 이야기했다. 젊고 건강하다는 이유로 피를 두 번 뽑힌 일에 대해서도 이야기했고, 정육점과 사장님에 대해서도 말했다. 나를 위해 사장님이 산처럼 쌓아 놓은 피부 가죽 이야기를 꺼내자 성하는 불같이 화를 냈다. 성하의 반응을 보고 나서야 나는 그게 화를 내도 되는 일이란 걸 알게 되었다.

좀비즈 어웨이

편의점이 나타나기만 하면 우리는 그 안으로 들어갔다. 성하는 제때 밥도 먹어야 하고 물도 마셔야 하는 산 사람의 복잡함과 귀찮음을 기꺼이 이해해 주었다. 어떤 곳에서는 봉지가 뜯긴 과자를 주었고 어떤 곳에서는 차갑게 식은 인스턴트 죽을 주었다. 내 발걸음은 성하의 예상보다 훨씬 느려서 우리는 당초의 예정보다 더 오랜 시간을 같이 있어야 했다. 어떤 날은 편의점에서, 어떤 날은 할 수 없이 벤치 위에서 잠을 청했다. 성하는 매번 내 머리맡에서 망을 보며 잘 자라고 인사를 했다. 내일 봐. 그 말을 들으면 신기하게도 잠이 쏟아졌다.

나는 언젠가부터 성하를 품에 안고 걷기 시작했다. 가방은 가벼워졌지만 더 자주 쉬어야 했다. 성하는 불평하지 않았다. 날이 흐려지는 낌새가 보여서 비가 올 때를 대비해 비닐을 잘라 성하의 머리에 씌워 주었다. 크기를 잘못 가늠하는 바람에 자른 비닐을 두 번 정도 버려야 했다. 게다가 묶는 솜씨가 형편없어서 우비는 자꾸 벗겨졌다. 미안해, 나는 우비를 몇 번이나 다시 씌워 주며 사과했다. 내 손은 못하는 게 너무 많아. 성하는 내 말에 깔깔거리고 웃었다. 했으면 된 거잖아. 맞는 말이었다. 그러네. 나는 멍하니 성하의 말을 곱씹었다. 했으면 된 거였다.

성하는 좀처럼 자기 얘기를 하는 법이 없었다. 대신 끊임없이 묻고 듣기만 했다. 나는 좀비 고기를 썰어 팔던 일에 대해서 이야기했다. 그 고기를 먹은 사람들이 어떻게 되었을지 생각만 하면 잠이 오지 않는다고. 우리 가게에 왜 단골이 없는 건지 굳이 궁금해하지 않았다고. 그러면서도 그 사람들의 잘못이라 변명했다. 절박한 나머지 멍청해진 사람들은 살아갈 가치가 없다고 몇 번이나 덧붙였다가, 과거의 내가 얼마나 절박하고 멍청했었는지 설명했다. 무엇이든 될 수 있다고 믿었던 때를 회상하면서, 스물세 살까지 아무것도 이루어 놓지 않았다면 패배자가 되는 사회에 대해서도 몇 번이고 이야기했다. 성하는 대꾸하지 않았다. 대신 그의 손이 내 어깨 위를 이리저리 돌아다녔다. 여러 번 떨어질 뻔하면서도 비틀거리며 걸어 다녔다.

성하가 처음으로 자기 이야기를 꺼낸 건 우리가 핫트랙스에서 하룻밤을 보내기로 정한 날의 일이었다. 슬프게도 잠이 들어 버린 탓에 이야기의 반도 제대로 듣지 못했지만.

어릴 적 종종 드나들었던 핫트랙스는 당연히 사람 하나 없이 고요했다. 널브러진 필기구들과 팬시 용품들은 피 웅덩이 속에 버려져 있고, 완전히 죽어 버린 시체들 몇 구가 남아 악취를 풍겼다. 나는 성하를 품에 안은 채로 쇼핑을 온 것처럼 물건들을 신나게 구경했다. 밤이 다가오자 지하에 위치한 핫트랙스는 서서히 어둠에 잠겼다. 나는 성하를 가판대 위에 올려놓은 채로 핫트랙스 안을 부지런히 돌아다니며 무드 등과 건전지를 주웠다. 나 여기 있으니까 꼭 파는 물건 같다. 돌아온 나에게 그렇게 말하며 성하가 깔깔거렸다.

기다란 벤치 위에 담요를 깔아 잠자리를 마련한 다음 부지런히 주워 온 건전지의 포장을 깠다. 성하의 팔이 나를 도와주려고 애썼지만 무용지물이었다. 버둥거리는 팔을 벤치 위에 올려 두었다. 곧 포장이 벗겨진 수십 개의 건전지가 내 옆에 수북이 쌓였다. 뒤이어 내가 수십 개의 무드 등 박스를 열고 건전지를 하나하나 열심히 끼워 넣는 동안 성하는 참을성 좋게 기다리고 있었다.

나는 벤치 주위로 각양각색의 무드 등을 놓았다. 오랜만에 푹신한 쿠션을 베고 누웠고 성하의 목과 팔은 방석 위에 올려 주었다. 우리 주위를 둥글게 감싼 무드 등들이 내는 따뜻한 빛이 은은하게 퍼져 나갔다. 캠프파이어라도 하는 기분이었다. 꿈을 꾸는 것 같았다.

"미안해."

갑자기 성하가 사과를 건넸다. 왜 갑자기 분위기를 타고 그런담. 좀비 바이러스가 퍼진 세상에서 경험하기 힘든 무드 등 파티는 난데없이 속마음을 끌어내기도 하는 모양이다. 나는 심드렁하게 대꾸했다.

"갑자기 왜 이래."
"그냥 이것저것 좀… 다 미안해."
"이제 와서?"

장난으로 뱉은 말이었는데도 성하는 웃지 않았다. 대신 무드 등 주위에 널린 갖가지 필기구들과, 벤치 아래 떨어져 있는 물감을 곁눈질했다. 홀로 떨어져 있는 물감은 하필이면 재수 없게도 붉은색이었다.

"나는 하고 싶은 게 너무 많은 사람이라 널 이해 못 했어."

푹신한 쿠션, 부드러운 담요, 읊조리는 목소리. 모든 게 다 아득히 멀게만 느껴지려 했다. 나는 자세를 고쳐 누우며 성하의 이야기를 귀 기울여 듣는 척하느라 애썼다.

"내가 너였으면 가산점 받으려고 열심히 살았을 텐데… 뭐 그런 생각도 처음엔 많이 했고."
"생각 말고 말로도 했던 거 같은데…."

잠결에 중얼거리자 성하가 웃는 소리가 들렸다.

"근데 이제 다 상관없는 것 같아."

그렇지, 다 상관없지…. 생각이 점점 흐려진다.

좀비즈 어웨이

성하의 목소리가 작아지고, 멀어지고, 무드 등 빛이 일렁이며 비추던 핫트랙스의 모습도 흐려지고, 나는 그대로 기절하듯 곯아떨어졌다. 언뜻, 성하가 버릇처럼 내뱉는 인사가 들렸던 것 같기도 하다. 내일 봐. 이번에도 나는 답을 돌려주지 못했다.

나는 우리의 관계가 좀 이상하다는 걸 알았다. 단순한 의뢰자와 배달부의 사이를 넘어 버렸다는 걸 어렴풋이 깨달은 후로, 내 걸음은 점점 느려지고 있었다. 잠깐이나마 물리쳤던 두려움이 다시 맹렬한 기세로 나를 쫓아왔다. 성하가 더 이상 내일 보자고 하지 않을까 봐, 내일이면 성하의 집에 도착하게 될까 봐 두려웠다. 막상 가 보니 성하네 부모님이 모두 돌아가셨으면 어떡하지. 목적지에 가까워질수록 성하의 말수는 줄었고, 틈만 나면 팔랑거리던 팔은 얌전해졌다. 나는 만남 후에 이어질 절망과 선택을 내려야 하는 미래가 두려워졌다. 꿈속에서 나는 성하의 머리를 팔았다. 사장님은 일주일 무단결근을 한 벌이라며 내 목을 대신 잘랐다. 담벼락 앞에서 마주쳤던 사냥꾼이 내 머리를 안고 있었다.

길을 떠나고 며칠이 지났는지, 더 이상 세고 싶지 않았던 날이었다. 우리는 오랜만에 다섯 명의 좀비와 마주쳤다. 어디에 숨어 있었던 건지 살이

썩도록 살아남은 좀비들은 굉장히 느리게 움직였다. 탁하게 흐려진 눈으론 아무것도 보지 못하는 듯했다. 우리는 죽은 듯이 숨소리도 내지 않고 벤치에 앉아서, 좀비들이 알아서 어디론가 사라지길 기다리고 있었다. 꺽꺽거리며 지나가는 좀비들을 지켜보던 성하가 말했다. 뭐가 더 나은 건지 모르겠어. 나는 무슨 말이냐고 물었다.

"좀비가 되는 게 더 나은 건지 이렇게라도 살아 있는 게 더 나은 건지."

나는 목적지가 가까워질수록 성하가 나만큼이나 두려워한다는 걸 알 수 있었다. 나는 남들을 지루하게 한다. 말주변이 없고 위로에는 더 서툴다. 뭐가 더 나은 건진 상관없어. 나는 짧게 덧붙였다. 괜찮아. 나는 언젠가 성하가 내게 했던 말을 똑같이 따라 했다. 느리고 약해도, 겁이 많고 비겁해도 괜찮다고 하지 않았던가. 나는 오랜만에 복습이라는 걸 하고 있는 중이었다. 이제 새로운 마법의 문장을 읊는다. 괜찮다, 괜찮다, 괜찮다. 성하의 팔이 내 어깨에 매달렸다. 나는 성하의 손을 토닥거렸다.

그날, 아마도 5시가 넘었을 법한 늦은 오후, 우리는 목적지에 도착했다.

나는 한때 사람들이 바글거렸던 시내 한복판에

서 있었다. 좁은 도로가 두 갈래 길로 나뉘었고, 그 양옆을 수많은 음식점이 메우고 있는 곳. 가로수 아래마다 놓여 있는 둥그런 벤치에는 으레 누군가 앉아서 노래를 부르고 기타를 치고 있었다. 그 주위로는 항상 사람들이 가득했다. 주말이면 이곳은 발 디딜 틈도 없이 복잡해졌다. 하지만 다 예전 일이다. 숨소리 하나 들리지 않을 만큼 고요한 길 한가운데에서, 나는 성하의 집을 찾고 있었다. 어딜 보아도 집이라고 부를 만한 곳도, 살아 있는 사람의 흔적도 없어서 초조해졌다.

"어디로 가야 해?"

"다 왔어."

"그래서 어디로 가?"

"… 다 왔어."

여기가 집이라고? 나는 주위를 살폈다. 두 갈래로 갈라진 도로 중 한쪽은 야트막한 언덕과 연결되어 있었다. 갑자기 높아지는 도로 밑으로는 벽화가 그려진 돌담들이 죽 이어졌고, 우리는 그 앞에 우두커니 서 있었다.

"거짓말했어."

"어?"

"너한테 거짓말했어."

성하가 나에게 거짓말을 했다. 나는 잘 이해되지

않는 문장을 잠시 곱씹었다.

성하는 우리 앞에 있는 벽화에서 시선을 떼지 못했다. 옆을 바라보는 여자 그림이었다. 반짝이는 눈으로 저 멀리 어딘가를 응시하는 여자의 모습은 목 바로 아래에서 끊겨 있었다. 벽화 밑에는 쓰다 만 물감과 붓이 널브러져 있다. 마치 그림을 그리던 사람이 급하게 도망이라도 간 것처럼. 나는 왼손으로 성하의 머리를 안고, 벽화를 향해 오른손을 뻗었다. 목 부근의 살구색 궤적은 주욱 이어지다가 급격하게 틀어졌다. 잘려 나간 것처럼 붓질이 갑작스레 끊긴 부분을 더듬거리면서 나는 왼손에 놓인 성하의 무게를 느꼈다. 거짓말이란 단어가 귀에 들어오기 시작한 건 그 직후였다. 우리는 벤치에 자리를 잡았다. 옆을 응시하는 여자가 정면으로 보이는 위치였다. 나는 거기 앉아서 성하의 고백을 들었다.

첫 작품이었다. 반듯하고 평평한 도화지 대신 거칠고 투박한 벽 위였는데도 마냥 좋았다. 자신의 작품을 처음으로 세상에 선보이는 날이었다. 무거운 물감 통을 양손에 가득 쥐고, 옆구리에 붓을 잔뜩 끼고 걸었던 그날이 아직도 잊히지 않는다. 내리쬐는 햇볕, 뜨겁게 달아오른 뒤통수. 지나가다 걸음을 멈추고 작업을 구경하는 사람들이 느껴질

좀비즈 어웨이

때마다 벌게진 귀가 화끈거렸다. 머릿속으로 수십, 수백 번 그렸던 그대로, 종이 위에서 수도 없이 구상했던 그대로, 물감에 푹 젖은 붓이 벽에 닿는 순간 세상을 다 가진 기분이 들었다. 붓 아래에서 평화롭게 웃고 있는 여자가 태어났다. 옆을 지그시 보고 있는 얼굴은 따뜻하고 경건해 보이기까지 했다. 여자의 모습이 또렷해지는 동안 싹둑 자른 머리 아래 목덜미와 등이 땀으로 축축이 젖어 갔다. 그림의 제목은 '자화상'이었다.

목 아래까지 붓을 이어 갈 때쯤이었다. 비명 소리가 들렸다. 저 멀리서 사람들이 떼로 달려오고 있었다. 물감 통이 사람들의 발에 차일세라 옆으로 치워 놓고, 붓을 들어 목 안을 채우는 데 집중했다. 갑자기 어깨가 붙들렸다. 손에 쥐었던 붓이 옆으로 튕겨 나갔다. 갑작스레 나타난 방해꾼은 눈에서 피를 흘리고 있었다. 뒤로 주저앉았다가, 도망가라고 소리치는 목소리에 그제야 정신을 차렸다. 땅을 더듬으면서 일어나 달리기 시작했다. 달리면서 몇 번이고 뒤돌아보았다. 마무리 짓지 못한 자화상이 초라하게 남아 있었다. 그 아래로 피가 튀었다. 목 아래로 붉은색 옷을 그리려고 했던 건 맞는데, 물감이 아니라 피를 쓰게 될 줄은 몰랐다.

성하의 부모님은 그날 돌아가셨다. 두 분의 장례

를 치르기도 전에 다른 사람들처럼 남쪽으로 대피해야 했다. 대피소에서 홀로 보내야 했던 몇 달 동안 머릿속엔 그림 생각뿐이었다. 완성하지 못한 자화상. 그 벽에서 자신을 기다리고 있을 여자를, 자신을 떠올리면 목구멍이 끊어지는 기분이 들었다고 했다. 상황이 정리된 후엔 집으로 돌아가는 사람들 틈에 끼어 걷고 또 걸었다. 차도 없고 버스도 없어 두 다리로 감당할 수밖에 없는 강행군이 이어지는 동안, 성하는 완성하지 못한 얼굴을 곱씹었다.

백신을 접종받고 대피소를 떠나도 된다는 허락이 떨어지자마자 성하는 밖으로 나섰다. 제대로 알지도 못하는 길을 묻고 물으며 걸어야 했다. 인터넷이 없는 세상에서 먼 곳을 찾아가는 일은 어려웠고 또 위험했다. 좀비에게 어깨를 물렸다. 성하는 도망쳤다. 안전하게 숨을 만한 곳을 찾을 때까지. 그런 곳이라고 생각했던 주공반점에서 신체 대부분을 잃은 성하는 기다리고 또 기다렸다. 자신을 자화상 앞으로 데려가 줄 사람을. 죽지도 살지도 못한 채, 먹지도 잠들지도 못한 채 작은 양동이 안에서 그를 기다리고 있을 그림을 떠올렸다.

미안해. 성하는 거듭 사과를 하다가 더듬거리며 지난날을 회상하고는 후회의 말들을 쏟아 냈다. 편의점에서 돌아갔어야 했는데, 그때 고백했어야 했는데. 그 담벼락 앞에서 날 버리고 도망가라고 외쳤

좀비즈 어웨이

어야 했는데. 말끝이 흐려지길래 우는 줄 알았더니 얼굴은 여전히 건조하게 바싹 말라 있었다. 시선이 마주치자 성하는 이렇게 말하며 표정을 일그러뜨렸다. 울고 있는 거 맞는데, 눈물이 안 나와, 짜증 나.

나는 여전히 성하를 내 왼손에 올려 두고 있었다. 그 촌스러운 중국집에서 성하를 처음 만났던 날에도, 벤치에 앉아 멍하니 좀비들을 바라보던 그날에도, 그리고 지금도 여전히 나는 위로를 건네는 데 서툴렀다. 지난 며칠 동안 머릿속에 겹겹이 쌓아 온 무언가를 입 밖으로 내기엔 말주변이 없었다. 선생님을 떠올리고 사장님을 생각했다. 나는 피를 두 번씩 뽑힐 때마다 남몰래 안도했고, 달빛 아래서 일렁거리는 먼지를 보면서 둥둥 떠다니는 나를 상상했다. 살아야 하는 이유도, 딱히 죽어야 하는 이유도 없어 먼지를 내버려 두듯이 흘려보냈던 날들 속에서 나는 몇 번이고 얼굴에 피부 가죽을 맞아야 했다. 아무것도 하지 않았기에 맞아도 싸다고 생각했다.

나는 왼팔에 안겨 있는 성하의 무게를 다시 한번 느꼈다. 괜찮은 무게였다. 무겁지도 가볍지도 않은 괜찮은 무게. 나는 성하의 팔을 잡고 일어났다.

붓 하나가 저만치 떨어져 있었다. 나는 허리를 굽히고 성하의 팔을 붓이 떨어진 곳으로 가져갔다. 뭐 해? 성하가 물었다. 완성해야지. 나답기 짝이 없는 지루한 대답이었다. 뻣뻣한 성하의 손가락들이 붓을 조심스레 감싼다. 나는 성하의 팔을 벽으로 가져가기 전에 경고했다. 나 그림 엄청 못 그려, 도움 안 될 거야. 성하는 말했다. 내비게이션 듣던 것처럼만 하면 돼, 괜찮아. 그제야 안심이 됐다.

문제는 물감이었다. 이미 꽝꽝 굳어 버린 물감을 도통 살려 낼 방법이 없었다. 무턱대고 물을 잔뜩 붓기엔 물이 너무나 부족한 세상이었다. 갈라지고 조각난 붉은 덩어리를 바라보다가, 문득 그런 생각을 했다. 굳지 않고 갈라지지도 않은, 축축하고 따뜻한 붉은 액체라면 주변에 널려 있지 않은가?

충분한 양의 핏물을 모으는 데는 꼬박 반나절이 걸렸다.

우리는 부지런히 주변을 돌아다녔다. 방금 죽은 따끈따끈한 시체를 찾는 건 좀 힘든 일이라, 약간 굳어 있는 핏물을 긁어모으고 그 위에 물을 살짝 붓는 방식을 선택했다. 어느새 통을 가득 채운 붉은 액체는 적당히 걸쭉하게 찰랑거렸다. 여자의 옷 부분을 채우기에 충분할 만큼.

물을 붓자 화려한 문양을 그리며 부드럽게 풀려나간 액체에 붓을 축축이 적시던 그 감각을 아직도 잊지 못한다. 성하는 내비게이션답게 거침이 없었다. 나는 성하의 팔을 단단하게 붙들고, 성하가 외치는 대로 위치를 옮기면서, 항상 바닥을 긁어 대

좀비즈 어웨이

던 성하의 손가락들이 섬세하게 움직이는 걸 지켜 보았다. 목 아래로 어깨가 생겨나고, 옷이 자리를 잡았다. 여자의 머리는 성하처럼 짧게 자른 단발이 었다. 성하는 검은 물감을 찾아 달라고 고집을 부렸다. 간신히 찾은 검은 물감은 뚜껑이 단단히 닫혀 있었던 덕분에 다행히도 아직 쓸 만했다. 검은 물감을 머금은 붓이 몇 번 움직이자 목 언저리에서 달랑거리던 머리카락은 아래로 길어져서 어깨에 닿았다. 나는 내 어깨를 건드리는 머리카락을 하나로 묶으면서 불평했다. 이건 자화상이 아니잖아. 성하는 자화상이 맞다고 억지를 부렸다.

그림을 완성하고 보니 이미 한밤중이었다. 사진을 남길 휴대폰도 카메라도 없어서, 우리는 벤치에 오래오래 앉아 그림을 머릿속에 담으려고 노력했다. 성하는 그림의 제목을 바꾸지 않았다. 여전히 '자화상'이라고 했다. 누구의 자화상인지는 생각하기 나름이라고 했다. 내가 여자와 닮은 부분이라고는 머리 길이 하나뿐이었지만 나는 그림 속에서 나를 보았다. 여자의 얼굴은 우리의 얼굴인지도 몰랐다. 성하와 나는 언젠가부터 서로를 닮아 가고 있었다.

잘 곳을 찾아 떠나면서 나는 성하를 안고 우리가 그린 벽화 위를 걸었다. 벽화 위는 넓은 도로라서 그 위로 걸으면 떨어질 위험이 없었는데도 우리는 일부러 가장자리에서 위태롭게 움직였다. 발을 헛

디디는 일도 다리에 힘이 풀리는 일도 없었다. 나는 왼팔로 성하를 품에 안고, 다른 팔을 옆으로 쭉 뻗으며 한 발씩 조심스레 움직였다. 떨어지지 않는다. 떨어지더라도 괜찮다.

우리는 관광 안내소 안으로 들어가 문을 잠갔다. 적당한 곳에 누워 몸을 웅크리는 나를 보고 성하가 물었다. 이제 어디로 갈 거야, 정육점? 나는 사장님에게 마지막으로 남겼던 편지를 생각하며 웃었다. 이왕 쓰는 거 좀 더 멋있게 쓰고 나올 걸 그랬지.

"모르겠어."

나아갈 곳도, 돌아갈 곳도 없는데 두렵지가 않다. 나는 그걸로 되었다고 생각했다. 항상 아득하게만 느껴졌던 일들이, 살아 있기 때문에 해야 했던 일들이, 배를 채우고 물을 마시고 갈 곳을 찾아야 하는 비참한 일들이 기다려지기 시작했다. 나중에 생각할까. 그렇게 중얼거리고 눈을 감았다. 내일 봐. 성하가 인사를 건넨다. 나는 그동안 한 번도 답을 돌려주지 못했음을 새삼 깨달았다. 목구멍 안에서만 맴돌던 말을 입 밖으로 뱉어내기까지 이렇게 오랜 시간이 걸릴 거라고 누가 상상이나 했을까. 나는 잠시 눈을 뜨고 성하를 본다. 그래. 다시 눈을 감으며 덧붙였다. 내일 봐.

좀비즈 어웨이

세상은 너무 빠르게 변하고 앞서 나갑니다. 뒤를 따라가기도 전에 멀리서 우리를 비웃고 손가락질하죠. 패배자, 낙오자, 부적응자라고 부르면서요. 우리가 어떤 인생을 살았고 무엇을 겪었는지, 왜 이렇게 되어 버렸는지 궁금해하지 않고 한 단어로 우리를 압축시켜 버립니다. 그게 더 편하고 간단하니까요. 뒤처지지 않은 사람들은 우리를 보면서 앞으로 나아갈 양분을 얻어요. 나는 저렇지 않아서 다행이라고. 우리는 조금 느리거나 부족했을 뿐인데.

　저는 스스로를 패배자, 낙오자, 부적응자라 부르는 사람들을 만나 상담하고 이야기를 나누었어요. 태어난 것부터가 실패여서 경쟁에서 낙오했으며 인생에 적응하지 못했다고 믿게 된 사람들. 그들 각자에겐 사연이 존재했습니다. 상처 때문에 망가져 버린 사람, 정신과적인 치료와 도움이 필요하지만 깨닫지 못하고 자신을 탓하는 사람, 타고나기를 남들보다 에너지와 의지가 적은 사람. 누워서 손가락 하나 까딱할 힘도 없는 그들에게 세상은 노력이 부족하다고, 의지가 부족하다고 쉽게 말하죠. 그건 개인의 노력으로 해결할 수 있는 영역이 아닌데 말이에요.

의지와 노력, 에너지의 결핍은 개인의 문제가 아니라 외부의 도움이 필요한 영역이다. 당연한 이야기죠. 그렇기에 여러 가지 약이 존재하지만, 세상에 완벽한 약은 없어요. 부작용이 동반되고 완전한 효과를 보장하지도 않아요. 그런 약이라도 먹으려 하면 오히려 쓸데없는 약을 먹는다고 비난을 받기까지 하죠. 어떤 환자가 본인이 복용하는 약에 대해 이야기해 준 적이 있어요. 일시적으로 무기력을 없애 주고 의욕을 솟게 해 주는 약이지만 부작용이 심했는데, 그런 약을 통해서라도 사람 구실을 하고 싶다던 말이 오랫동안 제 머릿속을 지배했어요. 그래서 직접 만들기로 결심했던 겁니다. 활력을 북돋아 주고 의지를 샘솟게 하며 부작용이 없고, 불필요한 약을 먹는다는 손가락질에서 벗어나게 해 줄 에너지 드링크 형태의 약물. 사람 구실을 하게 만들어 주는 물질을.

아직 알파 버전이라 약효 지속 시간이 그렇게 길진 않아요. 하지만 효과만큼은 저를 비롯해 모든 연구진이 인정할 만큼 출중합니다. 피로와 스트레스, 우울감은 사라지고 에너지와 의지, 활력이 솟아오르죠. 진짜로 살아 있는 기분이 든다고 할까요. 온전한 인간으로 기능하는 그 순간을 곧 여러분도 경험할 수 있게 될 겁니다. 빠르게 돌아가는 세상에 발맞춰야겠지만, 뒤처진다고 해서 좌절할 필요는 없어요. 스스로의 의지 부족을 더 이상 탓하지 않아도 됩니다. 의지는 참살이404가 제공할 것이고, 여러분은 그저 참살이404를 통해 효율을 취하기만 하면 되니까요. 참살이404 한 모금은 여러분의 하루를 도울 것이고, 머지않아 여러분의 인생을 책임지게 될 겁니다.

회장님께서 이르시되 믿는 자에게 참살이404가 기적을 선사하리라.

소영(32세, 무직이었으나 현재 JBU의 신입 사원)이 참살이404를 처음 마신 건 회장의 뜨거운 연설로 시작된 오리엔테이션과 일주일간의 신입 사원 교육이 끝나고 난 뒤였다. 교육을 받는 일주일 동안 소영을 비롯한 팀원들은 하루 종일 책상 앞에 앉아 높으신 분들이 가르치는 것들을 모조리 받아 적었다. 매일 아침 강의실 문을 벌컥 열고 들어오는 높으신 분들의 손에는 하나같이 참살이404병이 쥐어져 있었는데, 본격적으로 업무 설명을 하기 전 그들은 참살이404를 원샷하는 퍼포먼스를 꼭 선보이곤 했다. 호기심 어린 시선을 한 몸에 받으며 드링크를 꿀꺽꿀꺽 쉬지 않고 삼키는 모습은 경이로웠다. 그때까지만 해도 소영은 참살이 404 자체보다 상사들이 어떻게 드링크를 마시자마자 안색을 확 바꾸는 건지, 그 방법을 파헤치는데 더 집중하고 있었다.

"여러분이 무슨 생각 하는지 압니다."

푸석하고 눈 아래에 짙은 그림자가 졌던 얼굴을 생기에 번쩍이는 얼굴로 바꾼 상사는 드링크가 한 방울도 남지 않은 빈 병을 머리 위로 신나게 털었다.

"어렵겠지만 믿어야 합니다. 믿고 기다리는 자만이 참살이404의 기적을 맛보게 될 테니까요."

그의 말대로, 소영은 착실하게 믿고 기다렸다.

상사가 보는 앞에서 신입 사원들은 한 명씩 앞으로 나가 자기소개를 하고 서로를 알아 가는 시간을 가졌다. 자기소개라기보단 집단 테라피에 가까웠다. 자신이 JBU에 도달하기까지의 고난과 역경을 설명하는 동안 울고 소리치는 사람이 그렇지 않은 사람보다 훨씬 많았던 탓이다. 소영이 자신의 평범한 사연을 설명하는 동안 강의실 전체는 침묵에 휩싸였고 훌쩍이는 소리만 간간이 울렸다. JBU에서 실패하면 돌아갈 길이 죽음뿐이라는, 다소 무서울 수 있는 소영의 다짐에 팀원들은 열렬히 박수를 쳤고 소영은 얼떨결에 팀장이 되었다. 비공식적이고 감성적인 선출 방식에 불만을 가지고 구시렁 대는 사람은 수혁(34세, 인형 뽑기 숍을 운영하다 가 JBU에 입사한 소영의 동기) 한 명뿐이었다. 그는 한 시간의 논의 끝에 정해진 다소 촌스러운 팀 명, '퓨처 리더스'에도 할 말이 많아 보였으나 사람 좋아 보이는 웃음만 지었지 앞으로 나서진 않았다.

참살이404 알파 버전은 검은색 병에 초록색 라 벨이 붙어 있는 평범한 외양의 드링크였다. 원샷 쇼 후에 상사들의 얼굴빛이 달라지는 기이한 광경 을 여러 번 목격한 터라 겉모양부터 뭔가 특별할 줄 알았는데 딱히 그런 건 아니었다. 라벨 뒤편에 기재된 효과는 다음과 같았다.

1. 활력 및 에너지 증진 2. 피로 회복 3. 집중력 향상 4. 각성 효과 5. 스트레스 및 우울감 감소

효과가 약 여덟 시간 정도 지속되며 장기간 고용 량을 투여할 경우 내성이 생길 수 있다는 것을 제 외하고는 부작용은 따로 없었다. 본격적으로 업무 가 시작되는 날, 소영은 팀원들과 마찬가지로 반 신반의하며 참살이404를 받았고 조심스레 들이켰 다. 렉사프로, 자나팜, 프로작. 소영은 참살이404 를 마시면서 잊고 있던 약들을 떠올렸다. 음료에서 는 해열제 맛이 났다.

믿음의 기다림은 간절한 자를 구원하리니 참살 이404가 우리를 일으켜 세우리라.

참살이404

소영은 그렇게 기적을 맛보았다.

살면서 그런 느낌은 처음 받아 봤다. 온몸에 에너지가 채워지다 못해 넘치는 느낌. 렉사프로도 자나팜도 프로작도 완전히 비워 주지 못했던 머릿속이 텅 비고 가득 고여 있던 불안과 생각들이 씻겨 내려갔다. 진짜 살아 있는 기분, 온전한 인간으로 기능하는 기분이란 이런 거였다. 머리끝부터 발끝까지 펄떡펄떡 살아 숨을 쉬었다. 뭐든지 할 수 있을 것 같고 못 할 일이 없을 것 같았다. 제일 중요한 건 그거였다. 소영은 이제 뭐든지 할 수 있었다.

찬물을 얼굴에 정통으로 맞기라도 한 듯 온 신경이 또렷하게 깨어났는데 그 상태가 사그라들 생각을 안 했다. 소영을 오랫동안 괴롭혀 온 어깨 결림과 목의 통증, 눈이 뻐근한 감각마저 모두 사라졌다. 예전 같았으면 끝까지 읽는 데만 한참이 걸렸을 문서를 단숨에 읽고 업무를 시작할 수 있었다. 일의 우선순위를 정하지 못하고 어영부영 미루다가 아무것도 끝내지 못했던 때가 아득하게 느껴졌다. 정말 새로운 사람으로 다시 태어나게 된 걸까? 거울 속에 비친 소영의 얼굴엔 혈색이 돌았고 여유로운 미소가 번져 있었다.

홍삼 농축액과 박카스를 들이붓고 각종 피로 회복제를 섞어 만든 붕붕 드링크를 마셔도 풀리지 않았던 피로는 언제 그랬냐는 듯 싹 사라졌다. 지금까지 먹었던 그 어떤 약도 참살이404처럼 효과적이진 못했다. 머릿속을 불안과 우울 대신 자신감으로 채워 주지 않았다. 축 늘어진 정신과 육체를 벌떡 일어나게 해 주지 않았다. 참살이404 덕분에 소영은 진정으로 살아 있을 수 있었고, 사회의 정상적인 일원으로서 사람 구실을 해낼 수 있었다. 소영은 그의 상사처럼 내용물이 한 방울도 남지 않은 빈 병을 머리 위로 털었고, 속으로 중얼거렸다. *아멘.*

손에 쥐고 있는 것이 분노뿐인 인간의 결말은 초라하다. 소영이 맞을 뻔한 결말이 그랬다. 소영은 좁은 고시원 단칸방에서 유서를 끄적이다 도저히 이어 갈 문장이 생각나지 않아 구글에서 남의 유서를 검색해 쓸 만한 문장들을 훔쳐 왔다.

본연의 에너지나 그릇이 다른 이들에 비해 턱없이 작은 사람들이 있다. 소영은 스스로를 그렇게 평가하는 데 익숙했고, 항상 궁금했다. 정상적이고 일반적인 사람들은 대체 어떻게 작동하는 걸까? 애초에 다른 메커니즘을 타고났으니 체념해야 하는 걸까? 앞만 보고 달리며, 고난과 역경을 겪어도 결국엔 털어 내고 일어날 수 있는 사람들. 소영은 정확히 그들과는 반대였다. 앞서 나가는 남들을 보면서 달렸고, 고난과 역경에 매몰되면 그대로 가라앉았다.

참살이404

눈을 뜨는 순간부터 생각과 불안이 쏟아졌다. 몸을 일으키고 씻고 무언가를 먹고 입고 집 밖을 나서는 상상을 하는 것부터 고역이었다. 침대 밖으로 한 발을 내딛자마자 한숨부터 쉬는 소영을 이해하는 사람은 당연히 아무도 없었다. 남들이 하는 만큼만, 평균만 따라가자고 그렇게 되뇌었는데도 어딘가 모자랐다. 입시 실패, 적성과 맞지 않는 전공, 무기력한 생활, 공시 포기, 취업 실패. 모두의 인생에 한 번쯤 등장할 법한 일들이지만 하나의 인생에 모든 일이 쏠려 버리면 문제가 된다.

주변인들은 하나같이 소영을 의지박약자라 지칭했다. 의지는 눈으로 보거나 측정할 수 있는 대상이 아닌데 어떻게 그리 단언할 수 있을까, 납득하지 못했던 소영은 끝내 체념했다. 사회의 구성원으로 잘 기능하는 사람들의 눈에는 으레 보이는 모양이었다. 고장, 작동 불가능, 수리 중, 그따위가 새겨진 팻말이 소영의 목에 대롱대롱 매달려 있는 것이.

소영의 체념과 원망은 분노가 되어 잘못된 방향으로 흘렀다. 몸뚱이 뽑기 운이 지지리도 없었던 스스로를 향해서. 지긋지긋한 분노를 끝내기 위해 유서를 검색하던 중, 열렬하게 깜빡이던 광고를 발견한 건 운명이었다.

[반가워요, 이름이⋯ 소영 씨. 여기까지 오느라 고생 많았어요.]

소영은 JBU 본사 건물에 첫발을 내딛던 순간을 영원히 잊지 못할 것이다.

굳이 애써 간직하지 않으려 해도, 그 순간을 채우던 모든 것이 감각적으로 온몸에 새겨질 때가 있다. 버석한 나뭇잎이 불타는 냄새. 그 사이에서 잡티 하나 없이 번쩍거리던 거대한 건물. 백색의 로비 위를 오가는 수많은 발이 내던 경쾌한 소리. 일구다 만 밭과 잡초들로 가득한 교외 한가운데에 서 있는 건물은 꼭 길 잃은 사람들을 이끄는 하얀 등대 같았다. 그 안은 스스로의 가치를 연료 삼아 별처럼 반짝반짝 빛나는 사람들로 붐볐다. 모두의 목에 걸려 있는 사원증은 기꺼이 인간의 구실을 하겠다는 의지였다. 인간으로서 당연히 해야 할 의무를 수행하겠다는.

회장은 키가 크고 인상이 좋은 50대 여자였고, 소영을 소영 씨라 불러 주었다. 그것만으로도 충분하다 생각했으나, 먼저 두툼한 손을 내밀어 소영의 손을 꽉 붙들고 흔들어 주기까지 했다.

100군데가 넘도록 찔러 넣었던 이력서는 모조리 제자리로 돌아왔다. 나이 앞자리가 3으로 바뀌면서 가족들과의 관계는 끊어졌다. 그 정도면 많이 참았지. 소영은 좁은 단칸방에 모로 누운 채로 고개를 끄덕였지만 유일한 양식인 삼각김밥을 홀로 씹을 때는 조금 서러워졌다. 500원 더 비싼 더블

참치마요를 살지 말지 10분 동안 고민했던 날, 소영은 유서를 쓰려 했고 JBU를 만났다.

각종 건강식품과 건강 보조 기구를 판매하고 참살이404와 같은 새로운 식품 개발에도 힘쓰는 회사. 합숙 생활이 가능한 회사에서는 숙소 내 사원들에게 식사를 꼬박꼬박 제공하고, 주말마다 상담 및 강의 프로그램을 진행한다. 교외에 위치해 있어 아는 사람 마주칠 일이 없으니 소영의 목에 걸린 팻말을 읽어 낼 사람도 없었다. 완성한 유서를 벽면에 붙이기 전에, 소영은 침대 아래 깊숙이 숨겨 두었던 면접용 정장을 꺼내고 먼지를 털었다.

[본인의 단점을 의지 부족이라고 적었는데…. 이건 단점이라 할 수 없어요. 소영 씨는 노력했고, 능력이 있고, 잠재력도 충분해요. 세상이 소영 씨에 비해 그 속도가 너무 빨랐던 것뿐이지, 좌절할 이유가 전혀 없어요. JBU가, 또 참살이404도 함께 소영 씨를 위해 최선을 다할 거예요. 소영 씨는 그냥 본인의 잠재력을 마음껏 발휘하기만 해도 충분해요.]

면접 자리에서 회장은 마지막으로 한 마디를 덧붙였다. 소영 씨를 보면 꼭 젊을 때 날 보는 것 같아요. 무슨 뜻이었을까? 언젠가 소영도 그처럼 될 수 있다는 헛된 믿음을 가져도 되는 것일까?

오리엔테이션 연설을 마친 회장은 하얀 가운을 입은 채로 단상 위에 당당히 서 있었다. 익숙하지 않은 정장을 입고 길을 헤매는 어린 양들을 이끄는 하얀 등대. 회장은 끊이지 않는 박수에 화답하듯 몸을 접어 인사했다. 소영은 보이지 않는 팻말 대신 진짜로 목에 걸려 있는 사원증을 만지작거렸다. 다리고 또 다려도 어딘가 구김이 있는 것 같던 흰 셔츠는 사원증을 거는 순간 완벽해졌다.

참살이404 한 병과 함께 시작하는 힘차고 즐거운 하루, 손가락 끝까지 넘치는 활력과 자신감으로 충만한 하루. 인생을 다시 사는 기분, 새롭게 태어난 기분. *아멘*. 소영은 매일 아침 지급받은 참살이404를 품에 꼭 안고 회장에게 감사 기도를 드렸다.

소영은 함께 입사한 열 명 내외의 사원들과 한 팀이 되어 한 방을 썼다. 본사 건물에는 사원들을 위한 숙소 층이 따로 마련되어 있었다. 단체 생활은 어색했지만 방에는 커다란 화장실이 딸려 있었고 옆 방의 소음이 벽을 타고 넘어오는 일이 없었다. 소영은 고시원에 묵혀 둔 짐을 뺐다. 유서는 버리지 않고 반듯하게 접어 바닥 장판이 들리는 곳 아래에 넣어 두었다. 이곳으로 다시 돌아오는 순간 유서를 다시 쓰게 될 거라는 예감에서 나온 행동이었다.

참살이404

소영은 매주 정해진 시간에 찾아오는 고객 및 예비 사원들에게 직접 물품을 소개하고 판매했다. JBU에 관심을 보이는 이들에게 합류할 수 있는 길을 제시하는 것도 소영의 일이었다. 새로 영업할 신규 고객 리스트를 작성하기 위해 제일 먼저 팀원들에게 자신의 전화번호부를 통째로 공유하기도 했다. 소영의 전화번호부에는 예비 고객 혹은 예비 사원이 될 사람들이 247명 있었고 소영은 그중에서도 특히 JBU 상품에 관심을 보일 이들을 추리고 추려 연락을 돌렸다. 정신적으로 무너져 있는 이들. 누군가의 도움, 특히 참살이404의 도움을 필요로 하는 이들. 소영은 계속해서 지인들의 근황을 수소문해 그런 사람들 위주로 리스트를 작성했고 그들은 대부분 JBU에 푹 빠졌다.

모든 게 믿을 수 없을 정도로 꿈 같았다. 완벽하게 들어맞는 퍼즐 조각들처럼 잘 맞물리는 팀원들 사이에서 유일하게 삐걱대는 건 수혁뿐이었다.

"언제나, 언제나 감사한 마음을 유지합시다. 예? 여기 이 한 병에 얼마나 많은 분의 노력과 수고가 담겨 있는지, 그런 걸 언제나 생각하고, 감사한 마음으로 파이팅 해 보자고요."

모두가 이미 같은 마음이라는 걸 아는지 모르는지, 수혁은 참살이404병을 두드리며 매번 똑같은 소리를 늘어놓아 사람들을 지치게 했다. 참살이404 한 방울이 아까워 툭툭 털어 마시면서 정작 일은 제대로 하지 않고 파이팅만 외치는 태도 또한 사람들의 눈총을 샀다. 소영의 대응은 그런 수혁을 한심한 눈으로 바라보는 수준에 머물렀다. 중요한 건 수혁이 아니라 회장이었다.

토요일마다 강당에서 회장의 강의가 열리면 소영은 항상 맨 앞자리를 차지했다. 얼룩 하나 없는 하얀 가운을 차려입고 나타난 회장은 앉아 있는 모두의 존재가 정말 소중함을 찬양하고 또 찬양했다. 때로는 강하게, 때론 부드럽게 말을 건네며 소영과 눈을 맞췄다. 그 얼굴은 꼭 다 안다고 말하는 것 같았다. 차마 사용하지 못한 유서를 장판 아래 깊숙하게 숨겨 둔 그 심정을 자신도 이해한다고, 그런 일을 겪어 본 적 있다고.

"참살이404는 항상 여러분의 곁에서 여러분이 완전한 인간으로 기능할 수 있게 도울 겁니다. 여기 앉아 있는 여러분의 존재는 이미 그 효과를 증명하고 있어요. 전 여러분이 너무나 자랑스럽습니다."

신뢰를 주는 목소리, 담백한 말투, 어떤 일이든 다 털어놓고 싶게 만드는 얼굴. 소영은 매번 회장을 마주할 때마다 그 모든 것들을 최대한 흡수하려 애썼다. 언젠가 자신에게도 이럴 때가 올 것이다. 흰 가운을 차려입고 단상 위에 서서 모두와 느긋하게 시선을 맞추고 고개를 끄덕일 때가. 소영은 매일 참살이404를 마신 뒤 혈색이 도는 얼굴을 거울에 비춰 보며 회장과 같은 미소를 연습했다. 삐딱한 입꼬리의 각도마저 회장과 비슷해질수록 소영의 권위는 나날이 드높아졌다.

완벽한 인간은 언제나 고난을 마주하니, 참살이404가 시험에 빠진 그를 지켜보나이다.

보영(32세, 모 대기업의 대리였으나….)은 소영의 영업 대상 리스트에 있는 사람 중 하나였다. 소영의 고등학교 동창인 그는 학창 시절 높은 성적으로 교사들과 학생들의 주목을 받았다. 명문대 입학후 휴학 한 번 하지 않고 스트레이트 졸업을 한 뒤당연한 듯 대기업에 취직했으니 남은 일은 손에 쥔특권을 잘 유지하는 것뿐이었다. 소영이 인스타그램을 통해 본 보영은 그랬다. 소영과 정반대였다. 뭐든지 최선을 다하고 노력하며 그에 따른 결과를얻는, 탄탄대로의 인생을 꾸려 가던 사람.

그랬던 보영이 무슨 이유에선지 6년 넘게 다니던 대기업을 그만두고 칩거 생활을 하고 있다는 소문을 전해 듣자마자 소영은 보영의 이름을 리스트에 올렸다. 수십 번도 더 걸었던 영업 전화라 떨릴일은 없었다. 단지 보영의 반응이 당황스러웠을 뿐이다. 소영이 회장을 닮은 목소리와 말투로 매끄러운 설명을 이어 가는 와중에 말을 끊고 들어온 보영은 날카롭게 물었다.

[이상한 회사 아니지?]

사원을 상시 모집 중이니 관심 있다면 주저하지 말고 연락 달라 설명하던 소영은 순간 발끈해 설마 그렇겠냐며 똑같이 날카롭게 쏘아붙이고 말았다. 예비 고객 혹은 사원들을 다룰 때 제일 중요한 첫 번째 주의 사항을 어겨 버린 셈이었다. 상대가 어떤 말을 하든 절대 자신의 감정을 보이지 말 것.

탐탁지 않은 티를 내던 보영은 무슨 생각이었는지 금요일이 되자마자 바로 JBU를 찾아왔다. 소영이 흰 셔츠에 사원증을 걸고 로비로 보영을 데리러 갔을 때, 보영은 외딴섬처럼 사람들에게서 멀리 떨어진 채 주변을 둘러보고 있었다. 흰 대리석 바닥, 높은 천장, 엘리베이터, 커피를 들고 걸어가는 수많은 직원들. 초조한 눈이 바쁘게 움직이며 그런 것들을 샅샅이 훑었다. 회사와 업무 소개를 위해 사무실에 앉았을 때도 보영은 소영의 설명을 대충 흘려들으며 사무실만 살폈다. 마치 자신의 책상이 어디쯤에 들어가야 완벽할지 가늠해 보는 것 같았다.

"그러니까 결론은 다단계라는 거 아니야?"

불쾌하고 무례한 질문을 툭 뱉어 소영의 말문을 막아 놓고, 보영은 창가 근처 볕이 잘 드는 자리를 길게 응시했다.

그날 바로 계약서를 쓴 보영은 짐을 챙겨 JBU로 들어왔다. 주말 내내 짐을 정리하고 자신의 자리를 요구했다. 볕이 잘 드는 그 자리였다. 줄자로 곳곳의 치수를 잰 보영은 다른 사무실에서 안 쓰는 책상을 직접 가져왔고, 좁은 공간을 비집고 들어가 결국 책상을 놓는 데 성공했다. 그 난리 법석에 유난이라며 떠들어 대던 팀원들의 불평이 쏙 들어갈 정도로, 보영은 업무에 있어서는 프로였다. 어떤 곳에서도 거부할 수 없는, 능력과 야망을 겸비한 프로. JBU 곳곳에 더 높은 곳으로 올라가겠다는 바람을 덕지덕지 묻혀 놓는 맹수.

매일 숙소의 누구보다 일찍 출근 준비를 끝내는 보영은 제일 먼저 사무실에 도착해서 모든 창문을 열고 환기를 했다. 쓰레기통을 군말 없이 비우고, 책상에 그득한 먼지를 닦고, 시든 난초 화분을 치워 버렸다. 하루 만에 모든 업무를 완벽하게 이해하고 팀원들의 이름을 한 번에 외웠다. 숙소에서도 마찬가지였다. 고무장갑을 끼고 화장실에 틀어박힌 보영은 물이 새던 샤워기 호스를 고쳤고 타일이 쪼개진 곳을 정리했다. 마치 보영을 위한 자리가 처음부터 비어 있었던 것 같았다. 볕이 잘 드는 그 자리가, 보영이 나타나길 가만히 기다리고 있었던 모양이다.

일주일 만에 세 명의 예비 신입 사원들을 데려온

보영. 소영처럼 회장의 말솜씨와 막힘 없는 설명법을 그대로 카피해 낸 보영. 왜 커피를 마시지 않느냐는 물음에 일회용품 사용을 자제한다며 텀블러를 들어 보이던 보영. 팀원들 생일에는 기호에 맞고 부담스럽지 않은 선물을 몰래 놓고 가는 보영. 소영 외에는 아무도 하지 않던 야근을 기꺼이 자처하는 보영. 참살이404를 마시기 전과 후의 간극이 그렇게 크지 않은 보영. 비슷한 이름을 가진 소영의 자리에 서서히 끼어드는 보영.

팀원들의 주소록에서 뽑아낸 연락처들이 서서히 바닥을 보일 즈음 보영이 새로운 아이디어를 냈다. 윗선에 기획안을 제출해 홍보물을 제작하고 JBU에서 진행하는 각종 프로그램 관련 설문지를 만들었다. 소영과 보영은 팀원들과 함께 터미널과 기차역 근처, 사람이 많은 시내 한복판에서 설문 조사를 권유하고 홍보물을 나눠 주었다.

"진작 이런 기획을 왜 안 한 거야?"

설문 조사 판이 놓였던 이젤을 능숙하게 접으며 보영이 물었다. 딱히 악의는 없고 답을 궁금해하는 것 같지도 않은 물음이었다. 단둘이 있을 때 보영은 소영을 팀장이라 부르지 않았다. 동창이었던 옛 추억을 되살렸다고 하기엔 몇 마디 섞어 본 기억도 없었지만 차마 그 점을 지적할 수 없었다.

참살이404

새로운 권위자의 등장에 팀원들은 소영의 속도
모른 채로 환호했다. 모든 걸 다 이뤄 본 적 있는
사람의 기세는 어마어마했다. 아무것도 이뤄 본 적
없는 소영은 빈 드링크병을 쥘 뿐이었다. 참살이
404의 효력이 떨어질 때마다 불안과 걱정은 다시
밀려와 소영을 덮쳤고 소영은 매일 숙소에서 밤을
지새웠다.

"소영 씨가 사람 좋은 건 알겠는데, 그, 가끔은
좀, 멍청할 정도로 착한 것 같긴 해."

수혁의 말이 종종 신경을 긁어도, 소영은 그러
려니 했다. 보영의 지위가 상승하면서 팀장과 팀
원 사이의 경계가 희미해지자 수혁은 대놓고 소영
에게 반말을 썼다. 팀원들이 조언을 듣거나 보고
를 하기 위해 소영 대신 볕이 잘 드는 보영의 자리
를 찾는 일이 많아질수록 수혁은 과장되게 안타까
워했다. 자신의 자리를 빼앗긴 사람이 본인이기라
도 한 것처럼. 업무 시간에는 아무것도 하지 않고
의자만 빙빙 돌리며 시간을 때웠다. 수혁이 참살이
404를 마시고 얻은 활력은 항상 누군가를 찬양하
고 칭찬하는 데 쓰였다. 찬양의 끝에는 모든 걸 척
척 해내는 보영이 놓일 때도 있었고, 묵묵히 뒤처
지는 소영이 놓일 때도 있었으며, 자비롭게 참살이
404를 베풀어 주는 높으신 분들이나 회장이 놓일

때도 있었다.

"가끔은 신기하단 말이야. 어떻게 이런 걸 아무렇지 않게 내어 주실까, 하는 생각이 들어. 나 같은 인간한테도 잠재력이 있다고, 기회가 찾아올 거라고 다독여 주시면서."

그런 내가 JBU에, 회장님께 돌려 드릴 수 있는 건 오직 충성뿐! 맹목적이고 무의미한 수혁의 충성심은 다른 팀의 귀에도 들어가 소영이 다 부끄러울 정도였다.

"이제 안 마셨을 때는 내가 사람인지 그냥 짐승 새끼인지도 구분이 안 가요. 나는 알파 버전 한 병에도 이렇게 기분이 왔다 갔다 하는데, 효과가 더 길게 지속된다는 베타 버전은 또 어떨지. 응? 소영 씨, 알지? 이런 곳 또 없어. 우리는 진짜 땅 잡은 거야. 납작하게 엎드려서 백 번 절하고 절해도 모자랄 판이라고."

소영이 수혁을 가만히 바라보았다. 눈을 가늘게 뜨고 입술을 살짝 모은 얼굴이 놀라울 정도로 회장과 닮아 있었다.

"지난달부터 퇴사하거나 휴직계 낸 사람만 다섯 명이 넘었다던데, 다들 너무 좋은 대접을 받다 보니까 정신이 나간 거지. 밖으로 나가 봐, 어디 이런 곳이 또 있나. 우리 같은 루저들을 받아 주고 돌봐 주는 데가 또 있나. 차분히 기다릴 줄도 모르고 베타 버전 언제 나오냐고 따지다가 도망 갔거나, 잘렸거나 둘 중 하나겠지."

"… 뜬소문 퍼트리지 말고 일에나 집중하지."

"다 너 걱정돼서 하는 소리지, 너도 갑자기 사라 질까 봐 걱정이 돼서. 보영, 소영. 이름도 헷갈 리네 이제는. 새 팀장님 모시게 되어도 난 모른 다?"

"… 어떻게든 남아 있을 수 있겠지. 우리 같은 루 저들을 받아 주고 돌봐 주는 데가 또 있나."

"하긴, 그건 그…"

웃음기가 가득하던 수혁의 말이 갑자기 끊어졌 다. 수혁의 말을 인용하며 최선을 다해 빈정대던 소영은 문득 옆을 돌아보았다. 빈 참살이404병을 들고 있던 수혁은 반쯤 뜯긴 라벨지 끝을 문지르며 중얼대고 있었다. 우리 같은 루저들을… 나 같은 루저들을, 받아 주고 돌봐 주는 곳이 또…. 초조하 게 움직이던 손가락은 매끈한 라벨지를 조금씩 찢 어 나갔다. 나 같은 루저를…. 그래. 없지, 여기 말 곤. 작은 중얼거림이 끝남과 동시에, 라벨지는 반 으로 갈라져 버렸다. 초록색 라벨지는 초라하게 팔 랑대며 바닥으로 떨어졌다. 수혁은 라벨지 따위야 상관하지 않는다는 듯, 검은 병을 뚫어지게 노려보 고 있었다. 순간 소영은 수혁이 병을 바닥에 내리치리라고 확신했다. 무엇이 그런 확신을 불러일으켰는지는 알 수 없었다.

"… 그러니까, 나 같은 루저가 돌려 드릴 수 있는 건 충성뿐이지."

수혁은 병을 바닥에 내려치지 않았다. 깨진 조각들이 없으니 짓밟고 으깰 것도 없었다. 소영의 모든 예상을 뒤로하고, 그는 마지막 읊조림을 남긴 뒤 낄낄거리며 자리를 떴다. 예상이 맞아떨어지지 않았다는 불안에 휩싸인 채로, 소영은 문득 언젠가 수혁이 보여 주었던 인터넷 화면을 떠올렸다.

잘나가는 대기업의 대리였던 보영이 갑자기 직장을 그만두고 JBU까지 흘러온 이유를 꼭 알아내리라 중얼거리던 수혁은 인터넷을 뒤져 보영의 블로그를 찾아냈다. 그 안에 빽빽이 새겨진 보영의 속내를 모조리 전달하는 수혁을 소영은 거부할 수 없었다.

팀 내에서의 편 가르기, 갈등. 그 사이에서 애매하게 중립을 지키던 보영은 갑자기 모든 갈등의 원인으로 낙인찍혔고 팀원들의 압박과 은근한 차별을 견디다 못해 자진 퇴사를 했다. 보영은 자신을 버린 동기들의 SNS를 매일 들여다보며 이를 갈았다. 성공해야 해, 다시 시작해야 해, 내가 잘 살고 있다는 걸 보여 줘야 해. 성공을 맛보았던 사람이 바닥을 찍으면 더 무서워지는 법일까? 보영은 절박했다. 어쩌면 소영만큼이나. 돌아갈 곳이라곤 장판 아래에 붙어 있는 유서가 전부인 소영만큼이나. 소영은 보영의 절박함 앞에서 물러설 생각이 없었으나, 그렇다고 해서 비읍과 시옷 사이의 간극을 뛰어넘을 방법을 떠올리지는 못했다.

소문에 의하면 최근에 완성된 참살이404 베타 버전은 알파 버전보다 효과 지속 시간이 배로 길어졌다고 했다. 초록색 라벨 대신 금색으로 된 고급스러운 라벨이 둘려 있다고도 했다.

소영은 전혀 예상하지 못한 순간에 참살이404 베타 버전을 만났다. 그날 수혁은 유독 아침부터 신이 나 보였고, 얼굴빛이 환했고, 이리저리 활개 치며 에너지를 뿜어 댔다. 평소엔 관심도 없던 야근까지 자처하며 기분 좋은 티를 냈고, 늦은 저녁 소영과 단둘이 남은 사무실에서는 타닥타닥 키보드 소리를 과하게 내며 관심을 끌었다. 참다못한 소영이 한마디를 뱉기 위해 고개를 들었을 때, 익숙한 병이 수혁의 책상에서 바닥으로 떨어져 박살이 났다. 깨진 조각들 사이로 낯선 금색 라벨지가 허망하게 펄럭거렸다.

아침부터 붉게 충혈되어 있던 수혁의 눈에서 핏물이 흘렀다. 자리에서 일어난 수혁이 목을 부여잡았다. 꺽꺽거리며 숨이 넘어가는 소리를 뱉던 그가 피를 토했고 바닥에 피 웅덩이가 고였다. 짐승처럼 울며 목을 쥐어뜯던 수혁은 바닥에 몇 번이고 머리를 내리쳤다. 끓어오르는 울음소리에 귀가 찢어질 것 같았다. 쾅. 수혁이 피 웅덩이에 다시 한번 머리를 세게 박았고, 곧 사방이 고요해졌다.

침묵 속에서 소영이 비틀거리며 일어나 문으로 향하는 동안, 수혁은 천천히 몸을 뒤틀었다. 삐걱대는 몸을 일으킨 수혁이 소영을 똑바로 보았고, 이내 벌떡 일어나 달려왔다. 간발의 차로 문을 닫고 잠그자마자 소영은 바닥에 주저앉았다. 쿵, 쿵, 쿵. 사무실 안에서 수혁이 문에 몸을 부딪치는 소리가 복도에 생생하게 울려 퍼졌다. 소영을 노리는 손톱이 문을 날카롭게 긁어 댔다. 일정하게 쿵쿵대는 소리가 노래처럼 들릴 만큼 익숙해지고, 저 멀리서 하얀 가운이 펄럭이며 달려오는 모습을 본 후에야 소영은 정신을 놓았다.

드디어, 라는 말을 감히 뱉을 때가 온 것 같네요. 여러분의 간절한 마음과 연구진들의 피나는 노력이 맞닿았습니다. 여러분, 우리는 지금 위대한 여정을 함께하고 있고, 드디어 그 결실을 맺었어요. 모두의 마음이 마침내 응답을 얻은 겁니다.

두꺼운 담요와 따뜻한 차 한 모금으로도 덜덜 떨리는 몸은 쉽사리 가라앉지 않았다. 회장은 언제나처럼 흔들림 없는 미소를 짓고 있었다. 입꼬리가 삐딱하게 올라가는 묘한 미소. 항상 얼룩 하나 없이 깨끗했던 가운에는 핏자국이 그림처럼 퍼져 있었다. 마치 원래 새겨져 있었던 무늬처럼 가운과 완벽하게 어울렸다.

회장에게 묻고 싶은 게 많았으나 소영의 목에서는 목소리가 나오지 않았다. 차 한 모금을 들이켜고, 또 들이켜고, 한 잔을 깨끗이 비워도 질문을 뱉을 수 없었다. 회장의 얼굴은 단상 위에서 연설을 할 때와 같았다. 굳이 말하지 않아도 다 알고 있다는 얼굴.

"많이 놀랐을 거 알아요. 보기에 좀… 무서울 수 있지만, 수혁 씨는 지금 알맞은 단계에 도달한 거예요. 완성 직전의 단계."
"완성 직전이요?"
"평생 온전한 인간으로 기능할 수 있는 상태, 그 직전까지 온 거라고 볼 수 있죠."

여러분의 인생을 책임질 베타 버전이 완성 단계에 가까워지고 있다는 소식을 전하게 되어서 기쁩니다. 베타 버전의 첫 테스트 지원자인 수혁 씨가, 우리가 예상했고 기다렸던 단계에 이르렀어요. 우

리는 이 상태를 일시적인 '폭주' 상태라 부르기로 했습니다. 피를 흘리며 덤벼드는 모습이 조금 낯설 수는 있어요. 난데없는 소동에 놀란 분들도 많겠죠. 겁먹은 분들도 있을 겁니다. 이해합니다. 하지만 그건 필수적인 과정이에요. 넘치는 에너지와 활력을 몸이 감당하지 못해 밖으로 분출하는 거죠. 이제 우리가 할 일은 그 넘치는 에너지와 활력이 체내에서 작동하도록 만드는 겁니다. 오래 걸리지 않아요.

"…… 수혁 씨가 테스트에 지원했다고요?"

"그럼요, 의지가 엄청났죠. 원래는 연구진들 사이에서 진행하려던 테스트였는데…. 어떻게 알았는지 직접 찾아와서 베타 버전을 마시게 해 달라고 간곡히 부탁하더라고요. 거절할 수가 없었어요. 간절한 사람에게는 기회를 줘야 하는 법이니까요."

인자한 미소가 주름진 얼굴에 어우러진다. 소영은 반사적으로 회장을 따라 입꼬리를 올렸다. 간절한 사람에게는 기회가 주어진다. JBU는 그런 곳이었다.

"그럼 베타 버전을 마시면 한동안은 저런 폭주 상태로 있어야 하는 건가요?"

"지금 당장은 그래요. 하지만 연구가 이대로만 지속된다면 한 달 안으로 마지막 단계에 도달할 수 있겠죠. 활력과 에너지가 영원히 넘치는, 우리가 꿈꾸던 모습에."

여러분, 서럽지 않았나요? 뭣도 모르는 사람들이 여러분더러 의지가 부족하고, 노력이 모자라고, 게으르다고 손가락질할 때마다 화가 나지 않았어요? 그 사람들은 몰라요. 태어날 때부터 달랐던 이들은 절대 우리를 이해하지 못해요. 그런 사람들에게 보여 줄 때가 온 겁니다. 우리도 완전한 인간으로 기능할 수 있다, 사람답게 살고 사람답게 일할 수 있다.

여러분에게는 이제 불안할 일이 없어요. 우울할 일도 없죠. 손가락 하나 까딱할 힘이 없어서 무기력하게 누워 있을 일도 없어요. 영원히. 죽는 순간까지.

보여 줍시다! 우리도 할 수 있다는 것을. 우리도 멀쩡한 인간이라는 것을.

단상 위에서 팔을 벌리는 회장의 하얀 가운에는 붉은 피 얼룩이 아름답게 수놓여 있다. 모두가 숨을 죽인 가운데, 소영은 자리에서 벌떡 일어나 박수를 쳤다. 손이 아플 정도로 온 힘을 다해 치는 박수 소리에 근처에 있던 사람들도 하나둘 일어나기 시작했다. 우레와 같은 박수가 귀가 아플 정도로 쏟아진다. 끊이지 않는 박수가 강당을 가득 채웠다. 회장은 감격한 얼굴로 진심을 다해 허리를 숙였고, 사람들은 눈물을 훔치고 코를 훌쩍이며 머리 위로 더 세게, 더 강하게 박수를 쳤다. *보여 줍시다, 우리도 멀쩡한 인간이라는 것을!* 소영은 입꼬리를 삐딱하게 찢으며 회장을 따라 웃었다.

베타 버전이 완벽해지기까지 기다리는 시간은 괴로웠다. 소영은 참살이404의 효력이 떨어지는 순간을 견디기 힘들었고, 일주일에 한 번 높으신 분들이 참살이404를 배급하기 위해 나타날 때마다 남몰래 부탁해 제 몫의 참살이404를 여러 병 더 쟁여 놓곤 했다. 소영의 책상 위에 굴러다니는 빈 병들을 볼 때마다 팀원들은 얼굴을 찌푸렸다. 소영은 참살이404를 하루에도 몇 병씩 마시고 항상 깨어 있는 기분으로, 넘치는 활력으로 야근을 자처하며 업무를 처리했으나 참살이404에 그렇게 큰 관심이 없는 보영의 발끝에도 미치지 못했다.

그러므로 인사 팀에서 팀 인원을 조정하고 팀장을 다시 정한다는 이야기를 전해 왔을 때 소영은 말 그대로 패닉 상태였다.

당초의 비공식적이고 감정적인 팀장 선출 방식에 동의하는 듯했던 팀원들은 어느새 마음을 돌린 상태였다. 소영이 아닌 보영에게로. 시옷과 비읍

사이의 그 넓은 간격을 뛰어넘고.

내가 뭘 잘못했지? 애썼는데, 여기서마저 길을 잃는다면 돌아갈 곳은 그 노란 장판 아래의 초라한 종이 한 장뿐인데.

참살이404가 가득 들어 있는 박스를 복도 한가운데서 발견한 건 우연이었다. 아니, 소영은 그 순간을 운명이라 칭하기로 했다. 일주일에 한 번 높으신 분들이 들고 오는 그 박스. 박스 겉면에는 소영의 팀 이름이 적혀 있었다. 빼곡하게 차 있는 병들 사이로 무언가가 눈에 띄었다. 다른 것들과 마찬가지로 초록색 라벨이 둘려 있으나, '베타'라고 적힌 작은 포스트잇이 붙어 있는 그 병. 소영은 저도 모르게 복도를 둘러보았다.

소영의 분노는 언제나 잘못된 방향으로 흘렀지만, 이번 분노의 목적은 그저 기회를 얻기 위함이었다. 이 병의 내용물을 마신 보영은 수혈처럼 넘치는 활력을 주체하지 못해 폭주할 것이고, 보영이 자리를 비운 동안 소영은 팀원들의 마음을 돌려놓을 수 있다. 베타 버전이 여기까지 흘러들어 왔다는 것을 아무도 알지 못할 것이다. 아니 어쩌면, 애초에 이건 베타 버전이 아닐지도 몰랐다. 누군가 실수로 떨어트린 포스트잇이 엉뚱한 자리를 찾아간 것일 수도 있다. 이게 베타 버전이라는 건 그저 가능성에 불과하다.

그러니까, 보영이 항상 참살이404를 담아 마시던 텀블러에 손을 대는 일은 아무런 문제가 되지 않았다. 왜 커피를 마시지 않느냐는 물음에 일회용품 사용을 자제한다며 텀블러를 들어 보이던 보영. 역시 보영 씨는 뭔가 다르다며 팀원들이 고개를 끄덕이게 만들었던 그 물건. 소영은 이제야말로 그 텀블러가 빛을 발할 때라고 생각했다.

그날도 보영은 야근을 했다. 업무가 끝나면 보영은 항상 책상을 정리했다. 스스로 고른 자리, 볕이 잘 드는 창가 옆자리에 한 톨의 먼지가 쌓이는 것도 용납하지 않았다. 소영은 책상 정리를 마무리하던 보영이 말을 걸자 반사적으로 입꼬리를 삐딱하게 올리며 미소를 지었다.

"후회한 적 없어?"
"뭐를?"

애써 끌어올린 소영의 입꼬리가 바들거렸다.

"리스트의 그 많은 사람들 중에서 하필 나한테 연락한 거."

참으로 악의 없고 정곡을 찌르는 질문이 아닐 수가 없다. 마지막 예의를 차리려던 미소를 결국 거두고, 소영은 가만히 보영을 바라보았다. 보영의 얼굴은 승리감으로 빛나고 있었다. 마음껏 표현하진 못하지만 숨길 수도 없는, 그런 승리감으로.

참살이404

말문이 막힌 소영을 대신해 입을 열려던 보영이 갑자기 컥, 하고 숨을 들이켰다.

보영이 쥐고 있던 가방 위로 따끈따끈한 피가 사정없이 쏟아졌다. 보영이 믿을 수 없다는 얼굴로 가방을 떨어트리고, 목을 부여잡은 채 켁켁거리는 동안 소영은 책상에서 그나마 무기가 될 만한 것을 집었다. 날이 선 가위를 꼭 쥐고 천천히 자리에서 일어나자, 보영이 소영을 향해 손을 뻗었다. 손톱에 어느새 군데군데 피가 스며들어 꼭 봉숭아 물을 들인 것처럼 보였다. 소영은 문 근처로 뒷걸음질을 쳤다. 보영이 문에서 먼 창가 자리를 고집해서 다행이었다.

보영은 손바닥으로 입을 꾹 틀어막았다. 손가락 틈으로 피가 샜고, 붉은 눈에서도 피가 쉼 없이 떨어졌다. 목을 미친 듯이 긁기 시작한 보영의 입에서 날카로운 비명이 울렸다가, 갑자기 뚝 끊겼다. 보영은 무릎을 꺾고 제가 뱉은 피 웅덩이 위로 엎어졌다. 괴상하게 돌아간 목이 소영을 향했다. 치켜뜬 보영의 눈은 분명 소영을 보고 있었다. 소영은 보영이 블로그에 마지막으로 올렸던 글을 되새겼다.

내가 여기까지 올라오게 된 건 너무 당연한 일이다. 말도 안 되는 이유로 감당하지도 못할 자리를 지키고 있는 사람이 너무 많다. 이제야 그들이 얼

마나 멍청한지 깨닫는 사람들이 나온다는 게 좀 웃기기도 하고.

아직도 가끔씩, 그때의 내 자리가 보일 때가 있다…. 빼앗긴 자리. 내가 지키지 못한 자리. 열심히 하는 것만으로는 부족해서, 말실수를 해서, 편을 들지 않아서, 부당하고 어이없는 이유로 물러나야 했던 내 자리. 두 번은 용납할 수 없는 일이다. 밟히기 전에 먼저 밟아야 하고 손가락질당하기 전에 먼저 손가락질해야 한다. 하던 대로만 하면 된다, 하던 대로만 하면 돼. 잘하고 있어, 보영아. 넌 잘하고 있어….

소영의 신고를 받은 연구원들은 달려와 보영을 끌어냈다. 사무실 밖으로 끌려 나가면서 보영은 발버둥을 치고, 비명을 꽥꽥 지르고, 연구원들을 물어뜯고 싶어 안달했다.

보영이 어떻게 베타 버전을 마시게 되었는지는 아무도 궁금해하지 않았다. 사실은 보영이 베타 버전 테스트 지원자였다는 소식이 윗선으로부터 전해지면서 상황은 마무리되었으며, 소영은 자신의 팀을 되찾았고, 보영이 쓰던 책상으로 자리를 옮겼다. 아무도 다시는 보영을 떠올릴 일이 없도록. 새 책상에 앉고 나니 왜 보영이 그 자리를 고집했는지 알 수 있었다. 따스하지만 너무 뜨겁진 않은 햇볕이 내리쬐는 자리는 소영의 마음에 쏙 들었다. 얼마 뒤 소영은 처음으로 연구실이 있는 층에 불려 갔다.

"수혁 씨랑 보영 씨의… 뭐요?"

"뭐라도 좋습니다. 두 사람이 평소에 이야기하던 것 전부요. 하고 싶어 했던 것, 가고 싶어 했던 곳, 뭐라도. 팀장으로서 이야기를 많이 나눴을 테니까요."

소영은 고개를 삐딱하게 기울였다. 질문의 의도를 이해할 수 없었다. 연구원은 소영의 애매한 반응에 한숨을 짧게 쉬었다.

"베타 버전을 마시고 폭주 상태에 다다른 사람들은… 일정한 행동을 반복해요. 그동안 습관처럼 뱉은 말, 버릇이 된 일, 마음속에 품은 욕망을 토대로 한 무언가를 끊임없이 되풀이하죠. 다른 사람들의 욕망은 뻔히 보이는데, 유독 수혁 씨랑 보영 씨 케이스만 그 욕망을 파악하기가 어려워서 말이에요."

절연한 가족 이야기를 자주 했던 연구원은 폭주 후 가족사진이 들어 있는 액자에 유독 집착했고, 그림 그리는 취미를 가지고 있었던 이는 바닥에 끊임없이 무언가를 덧그리는 시늉을 했다. 겉으로 뻔히 드러나는 사사롭고 개인적인 욕망들. 수혁과 보

영은 달랐다. 폭주 상태에 이른 그들은 그저 으르
렁거리며 우두커니 서 있다고 했다.

연구원의 거듭되는 질문에도 소영은 할 말이 없
었다. 소영은 그 둘과 가까운 사이가 아니었고, 개
인적인 감정이나 목표에 대해 이야기를 나눠 본 적
이 없었다. 연구원은 또 한 번 짧은 한숨을 쉬었고,
소영을 잠시 내버려 둔 채 연구실 밖으로 나갔다.
살짝 벌어진 문틈 너머에 긴 복도가 펼쳐져 있다.
그 사이로 붉은색 가운이 언뜻 보였다가 사라졌다.
회장이 분명했다. 희미한 대화 소리가 들렸다.

"보영 씨 말이에요."

차분한 목소리가 이어졌다.

"실험용으로 쓰기엔 아까운 인재였는데. 일 잘하
는 걸로 유명했잖아. 사원들 사이에서 이름도 자
주 들렸던 것 같고."

회장의 얼굴을 상상하며 흐린 미소를 짓고 있던
소영의 얼굴이 굳어졌다.

"분명 그 팀에서 실험용으로 정한 사람은 따로
있었던 걸로 기억하는데, 아닌가?"
"아무래도 배급하는 과정에서 착오가 있었던 것
같습니다…. 죄송합니다. 따로 불러 이야기 중인
데, 딱히 쓸모 있는 것 같진 않습니다."
"그럼 빨리 먹이는 걸로 해요, 샘플은 많으면 많

을수록 좋으니까. 하루라도 빨리… 뭐가 잘못된 건지 알아야 해."

소영이 이해할 수 없는 대화가 오갔고, 연구원은 참살이404를 쥔 채 환한 미소를 지으며 돌아왔다. 초록색 라벨이 붙은 알파 버전이었다. 소영은 굳은 입매를 애써 끌어올렸다.

피상적인 대화가 짧게 오가고, 연구원은 수고했다며 소영에게 참살이404를 내밀었다. 소영은 병을 쥐었으나 뚜껑을 열지 않았다. 고개를 짧게 숙이고, 어색한 미소를 유지한 채로 방을 나섰을 뿐이었다. 그 병에, 익숙한 검은색 병에 초록색이 아니라 금색 라벨이 붙어 있었을 게 확실했다. 소영은 본능적으로 느꼈다. 박스 안에 포스트잇이 붙은 채로 들어 있던 베타 버전. 그건 자신을 위해 준비된 거였다.

소영은 몰래 연구동으로 숨어들었다. 모두가 깊이 잠든 밤이었다. 하루라도 빨리 뭐가 잘못된 건지 알아야 해. 회장이 그렇게 이야기했으니, 무엇이 잘못된 건지 알아야 했다. 회장이 왜 폭주자들을 '실험용'이라 부르는지, 어째서 보영이 아깝다고 이야기한 건지, 자신의 손에 들린 참살이404가 알파 버전인지 베타 버전인지 알아야 했다.

서류 작업을 주로 하는 사무실들로 가득한 복도를 지났다. 복도 끝에는 회장이 붉은 가운을 흩날리며 들어갔던 곳으로 향하는 문이 있었다. 문을 열자 새로운 복도가 나타났다. 너무 어두워 아무것도 보이지 않았다. 어디선가 희미하게 짐승이 우는 소리가 났다. 소영은 벽을 더듬었다. 투명하고 단단한 판이 손끝에 닿았다. 살짝 힘을 주어 누르자마자 복도에 환하게 불이 들어왔다.

복도 양옆으로는 한 벽면이 유리로 된 방들이 끝없이 늘어져 있었다. 그 안에는 사라진 모두가 있었다. 정해진 수순대로, 도달해야 할 단계에 이르렀다던 그들이. 완전한 상태로 향하기 위해 테스트에 지원했던 그들이.

그들은 피범벅이 된 얼굴로 바닥에 놓인 무언가를 뜯어 먹고 있었다. 형체를 알아볼 수 없을 정도로 뭉개진 사람의 팔, 잘린 손가락들이 바닥을 나뒹굴었다. 하얗게 드러난 뼈와 핏줄이 그들의 이빨 사이에서 으스러졌다. 소영은 입을 틀어막았다.

그들은 죽었지만 죽지 못한 상태로 돌아다니고 있었다. 충혈된 눈이 붉었고 손끝이나 발끝은 부패해 회색빛이었다. 밝아진 복도에 선 소영을 발견한 그들은 복도 쪽 유리 벽에 달라붙었다. 소영을 갈구하는 손톱이 소름 끼치는 소리를 내며 유리를 긁었다. 소영은 그 틈에 섞여 있는 보영을 보았다. 눈과 코와 입에서 흐른 핏자국이 선명한 얼굴, 소영을 쏘아보는 붉은 눈동자를.

보영의 붉은 눈은 오로지 소영을 향해 있었다. 다른 폭주자들에 비하면 행동반경이 크지도, 움직임이 과격하지도 않았다. 대신 조용하고 느릿하게 걸으면서 남은 에너지를 모조리 소영을 노려보는 데 사용하는 듯했다. 눈두덩이 아래로 핏물이 말라붙은 끔찍한 몰골을 하고, 보영은 유리에 찰싹 달라붙어 얼굴을 짓이겼다. 그렇게 하면 유리 밖으로 나갈 수 있기라도 한 것처럼.

보영의 욕망은 너무 뻔했다. 소영은 주저앉은 채로 손바닥에 얼굴을 묻었다.

쾅, 쾅, 쾅. 소영을 향해 발버둥 치는 폭주자들이 유리 벽에 거세게 부딪치는 소리가 울렸다. 저 멀리 어디선가 소란을 듣고 달려오는 이들의 외침이 들렸다. 소영은 연구원들이 자신을 끌어 올리고 일으켜서 어디론가 데려가는 내내, 손바닥에 얼굴을 묻고 두 눈을 감고 있었다. 그 붉은 눈이, 목적이 너무도 명확한 보영의 눈이 보이지 않도록.

회장님이 말씀하시길 나를 향한 너희의 생각을 내가 아나니, 재앙이 아니니라 너희에게 미래와 희망을 주는 것이니라.

"어땠어요? 난 실험실은 최대한 안 들어가려고 해서, 요즘은 상황이 어떤지 잘 모르거든. 내가 비위가 좀 약해요."

회장의 얼굴이 담긴 커다란 액자가 달려 있다느니, 각종 파충류들이 들어 있는 수조로 가득하다느니, 회장의 무시무시한 카리스마에 힘을 더해 주는 불확실한 소문의 진원지인 회장실은 의외로 평범했다. 분명 소영은 회장실에 처음 방문할 기회를 거머쥔 영예로운 사원일 것이다. 회장의 붉은 가운 소매에는 못 보던 금박 자수가 놓여 있었다. 어지럽고 화려하게 이어지는 그 무늬는 꼭 폭주자들의 입가에서 너덜거리던 내장 같았다. 순간 구역질이 끓어올라 소영은 입을 틀어막았고, 회장이 얼굴을 찌푸렸다.

"토하려면 나가서 하고."

삐뚜름하게 올라가는 회장 입술의 각도가 오늘따라 낯설었다. 소영은 더듬더듬 튀어나오는 말들을 그대로 뱉었다.

"다 거짓말이었네요."

회장이 가볍게 탄식했다.

"거짓말이 아니라, 모두를 안심시키는 길이죠."
"실험용이란 게 무슨 뜻이에요?"

고개를 절레절레 저은 회장이 낮게 웃으며 말했다. 그건 또 언제 들었대.

"실패한 거죠? 베타 버전. 그 정도면 단순한 폭

주 정도가 아니라… 좀비가 된 거잖아요."

"실패, 좀비. 너무 부정적인 단어는 쓰지 말아요, 우리."

회장이 턱을 괴고 책상을 부드럽게 두드렸다.

"실패가 아니라 일 보 후퇴인 거죠. 부작용을 해결하려면 샘플이 더 필요하니까, 쓸모없는 사람들 위주로 선별했던 건데…."

쓸모없는 사람. 소영은 그 표현을 머릿속으로 가만히 되뇌었다.

"이제야 알 것 같네. 보영 씨한테 베타 버전을 먹인 게 당신이에요?"

소영은 침을 꿀꺽 삼키고 고개를 끄덕였다.

"왜 그랬어요?"

"… 화가 났어요."

"화가 났다?"

소영은 자신을 노려보던 시선을 떠올렸다. 보영의 얼굴, 세상 모든 증오와 원망이 덕지덕지 붙어 있는 듯했던 그 얼굴을 생각하며 반문했다.

"… 되돌릴 수 없죠?"

"없죠, 심장이 멈춰 버렸는데."

소영은 회장의 얼굴을 지그시 바라보았다. 나는

잘못된 선택을 한 걸까? 결국 여기서도, 마지막으로 붙잡은 동아줄인 JBU에서도? 보영은 돌아올 수 없다. 소영의 선택이 보영을 죽였다. 남모르게 텀블러 뚜껑을 열고, 특별한 액체를 부었던 그 순간을 아무도 되돌릴 수 없었다.

"아까운 죽음은 보영 씨 말고 또 있었어요. 가장 먼저 마셨던 사람이 연구원 중 한 명이었거든요. 내가 제일 아꼈는데. 그땐 제압할 방법을 몰라서 그냥 죽여 버렸어. 그 과정에서 몇 명 더 죽고. 그런데 또 이렇게 됐네요. 보영 씨, 실적도 좋고 사람도 좋다고 소문이 자자했는데. 쓸모없는 사람만 남았어."

"… 제가 쓸모없는 사람인가요?"

"기회를 줘도 제대로 해내지 못하는 사람, 가진 것도 없이 무의미한 충성심만 가득한 사람, 그런 사람들을 쓸모없다고 부르죠, 우리는."

소영은 가만히 수혁을 생각했다. 아침부터 신이 나 보였고, 얼굴빛이 환했고, 이리저리 활개 치며 에너지를 뿜어 댔던 수혁. 쓸모없는 수혁. 어디선가 얻은 베타 버전이 자신에게만 내려진 특혜라 생각하고 좋아서 받아 마셨을 수혁. 잠시 정적이 내려앉았다.

"그래서, 쓸모가 없으면 죽어도 된다고 생각하는 건가요?"

침묵을 고수하던 소영은 천천히 고개를 들고 물었다. 처음부터 해야 했던 질문이었다. 모든 사원이 마음속에 품고 있지만 차마 입 밖으로 뱉을 생각을 하지 못한 질문. 쾅. 회장이 책상을 내리쳤다. 일그러진 얼굴과 삐뚤게 올라가는 입술이 소영을 에워쌌다.

"그렇게 자주 이야기했는데, 이것 봐. 내 의도를 조금도 이해할 생각이 없잖아. 쓸모없는 존재로 사는 게 힘들다고 꽥꽥거렸잖아. 제대로 된 인간답게 살고 싶다고 울어 댔잖아. 난 당신들이 원하는 걸 주려고 했는데, 어쩜 그렇게 내 마음을 알아주는 사람이 없어요?!"

책상을 강하게 내려친 손바닥이 붉게 물든다. 소영은 입술을 꾹 물었다. 고요한 틈을 타 회장이 흠, 흠 하고 목을 다시 가다듬었다.

"… 더 큰 일을 위해서 희생당하는 사람들은 항상 있기 마련이에요. 그게 혹시 나 자신일지라도, 정신 차리고 더 큰 미래를 봐야 하는 거예요. 효율적인 세상을 상상해 보라고요. 참살이404 덕분에 모두가 행복할 세상을. 의지박약이라는 소리도 천성이 무기력하다는 소리도 사회 부적응자라는 소리도 들을 필요가 없어진다고요. 얼마나 아름다워요?"

툭툭, 회장의 손가락이 책상을 몇 번 두드리자

등 뒤로 문이 열리고, 하얀 가운을 입은 연구원들이 들어왔다. 그들의 새하얀 가운 때문인지, 회장의 가운은 오늘따라 유독 붉어 보였다.

"이렇게 떠먹여 주는데도 싫다면, 평생 그렇게 밑바닥 낙오자로 살 거라면,"

회장의 손가락이 소영의 이마를 툭, 밀어 넘겼다.

"폭주자들의 먹이가 되는 편이 차라리 낫겠지."

온전한 인간으로 기능하지 못하게 되는 순간, 사람 구실을 하지 못하게 되는 순간, 참살이404를 마시지 않게 되는 순간 소영은 좀비 밥이 될 운명이었다. 연구원들이 소영의 팔을 양쪽에서 붙잡고 일으켰다. 소영은 순순히 끌려가며 마지막으로 내뱉었다.

"나는 당신처럼 되고 싶었어요."

회장이 입을 벌려 웃었다.

"난 당신 이름이 뭐였는지 기억도 안 나요."

소영은 그제야 회장이 이 자리에서 한 번도 자신의 이름을 부른 적이 없다는 걸 깨달았다.

잘못된 방향으로 흐른 분노는 재앙을 자초한다.

연구진들은 하루 종일 차트를 살폈고 카트를 밀면서 복도를 돌아다녔다. 그들은 좀비들을 관찰하고 검사하며 베타 버전의 부작용을 해결하려 애썼다. 좀비들을 제압하는 팀도 따로 마련되어 있었는지, 두꺼운 방탄복을 입고 무기를 든 사람들도 부지런히 이곳저곳으로 불려 다녔다.

좀비들은 하루 종일 방 안을 돌아다니며 욕망을 표출하거나 소리를 지르거나 유리를 긁어 댔다. 서너 명으로 구성된 진압 팀들은 침착하게 좀비들을 제압해 그중 일부를 밖으로 끌고 나갔다. 끌려 나온 좀비들의 몸은 어딘가가 쪼개지고 잘리거나 조각조각 분해되었다. 연구원들이 끌고 다니는 카트에는 그들의 살덩이가 아무렇지 않게 놓였다. 처음에 소영은 한때 알고 지내던 사람들이 잘린 채로 놓여 있는 꼴을 보면서 괴로워했다. 그러나 하루 만에 피와 살점이 튀고 비명 소리가 사방에서 울리는 상황에 익숙해졌다.

봉숭아 물이 든 것 같은 손톱으로 유리 벽을 느릿하게 긁는 보영이 거슬리긴 했지만 말이다.

소영은 좀비들처럼 한쪽 벽이 유리로 된 방 한 칸에 갇혔다. 하필 걸려도 보영의 건너편 방이었다. 보영의 타오르듯 열렬한 시선을 받으며 소영은 바닥에 몸을 뉘었다. 바닥을 타고 전해지는 냉기에 온몸이 덜덜 떨렸고 속이 쓰렸다. 곧 갈기갈기 조각나 좀비 밥이 될 운명이니, 이 밤이 마지막 밤인 셈이었다. 소영은 뜬눈으로 밤을 지새웠다. 참살이

404의 효과가 뚝 떨어져 버린 상태로 밤을 버티는 건 오랜만이었다.

방 안에 갇혀 있는 시간은 짧았으나 소영에겐 영겁과도 같았다. 차가운 바닥에 누워 있으면 꼭 핏물이 발바닥을 간질이는 것 같았다. 소영은 붉은 가운이 자신의 몸을 덮는 상상을 했다. 우아하게 펄럭이던 그 가운이 폭주한 자들의 피와 핏줄을 엮어서 만든 것이라는 걸, 소영은 이제야 알았다.

참살이404를 마시지 않은 소영은 이전과 다를 것 없이 초라했으니, 그게 진짜 소영이었다. 뒤처지기 위해 태어난 사람, 쓸모없도록 타고난 사람. 단상 위에 올라가 붉은 가운을 입고 우레와 같은 박수를 받는 장면을 상상했던 기억이 벌써 흐릿했다.

밤새 몸을 웅크린 채로 보영과 눈을 맞추던 소영은 생각했다. 무슨 일이 있어도 제 몸을 조각내는 사람은 보영이어야 했다. 같잖은 죄책감 때문이 아니라, 그 역할은 절대로 다른 사람이 할 수 없었다.

소영은 그 차가운 방에서 하루 하고도 열여덟 시간을 더 보냈다. 선잠이 들었던 소영은 카드 키를 긁는 소리에 눈을 떴다. 흐릿한 시야 안으로 진압팀들이 들어오고 있었다. 그 뒤로 의기양양하게 서 있는 붉은 가운이 보였다. 실험실을 자주 방문하지 않는다던 회장이 몸소 여기까지 행차하신 이유는 뻔했다. 소영의 최후를 지켜보기 위해서였다.

진압 팀은 축 늘어진 소영을 능숙하게 문밖으로 끌었다. 겨드랑이 사이로 팔을 집어넣어 소영의 몸을 들어 올리고 힘없이 흐느적거리는 소영을 휠체어 위에 앉혔다. 진압 팀이 익숙하게 휠체어를 밀었고, 그 옆으로 회장이 함께 걸었다. 그들은 길고 긴 연구실 복도를 가로질렀다. 그들이 향하는 곳이 어딘지 알 것 같았다. 좀비들의 몸이 조각나고 썰리고 토막 나는 제1 실험실. 소영이 흩어지려는 의식을 애써 붙잡던 그 순간, 소영이 앉은 휠체어가 수혁이 갇힌 방 앞을 지나갔다. 쾅. 수혁이 자신의 몸을 유리 벽에 들이받았다. 순간 깜짝 놀란 진압 팀이 반사적으로 휠체어를 놓고 무기를 들었다.

휠체어에서 벌떡 일어난 소영은 복도를 달리기 시작했으나, 힘없이 후들거리는 다리는 턱없이 느렸다. 회장과 진압 팀이 있는 곳으로부터 얼마 떨어지지 않은 위치에 설치된 비상 버튼 함으로 달려간 소영은 함 뚜껑을 벌컥 열었다. 스위치의 화려한 불빛과 많아도 너무 많은 버튼에 정신을 차릴 수가 없었다. 급한 대로 제일 위험해 보이는 붉은 버튼에 손을 올린 소영은 자신을 향해 다가오고 있는 진압 팀과 대치했다.

"끝까지 쓸모없는 짓만 하네요."

입꼬리를 삐딱하게 올리는 미소. 소영은 기계적으로 따라 올라가려는 입꼬리를 멈추고 표정을 굳혔다. 손가락 끝으로 버튼들을 더듬었다. 똑같이 생긴 네모난 버튼 수십 개가 손가락 아래로 느껴졌다. 살짝 고개를 돌려 살펴보니 버튼에는 하나같이 수상한 글자들이 새겨져 있었다. C1, D2, A4 같은. 소영은 복도를 빠르게 훑었다. 깊은 한숨이 회장의 입술 사이로 새어 나왔다.

"날 이해해야 해요. 더 나은 세상을 위한 처사였어요. 그리고… 버튼 하나 누른다고 해서 달라질 일은 없어요."

맞는 말일지도 모른다. 손가락 아래에서 달칵거리는 버튼들이 어떤 것들이든, 무장하고 경계 태세를 갖추고 있는 이들에겐 소용없을 것이다. 그래도, 혹시나, 어쩌면…. 소영은 필사적으로 버튼들을 훑었다. 제가 찾는 버튼이 있었다. 손가락을 쭉 내밀면 닿을 수 있는 위치에. 빗나간 분노가 제 방향을 찾을 수 있게 해 줄 버튼. 소영은 수혁이 갇혀 있는 방 유리 벽에 새겨져 있는 글자를 기억했다. D2.

손가락을 뻗어 버튼을 꾹 눌렀다. 진압 팀원들이 달려와 소영을 붙잡았다. 묵직한 봉이 소영의 등을 내리쳤다. 끔찍한 고통을 느끼며 바닥에 엎어진 순간, 무시무시한 비명이 들렸다. 소영의 것은 아니었다.

고개를 들자 회장의 붉은 가운이 피로 젖어 드는 광경이 보였다. 그 너머에는 진압 팀과 한데 엉켜 몸싸움을 벌이는 수혁이 있었다. 무지막지한 수혁의 기세에 진압 팀의 곤봉이 빗나가고, 누군가의 팔이 수혁에게 뜯겼다. *나 같은 루저가 돌려 드릴 수 있는 건 충성뿐이지.* 수혁이 염불을 외우는 수준으로 지긋지긋하게 반복했던 단어가 소영의 머릿속을 스쳐 지나갔다. 충성, 충성, 그리고 충성….

진압 팀이 온 힘을 다해 덤벼들었지만 수혁의 욕망은 단순하고 정확했으며 집요했다. 높으신 분의 목덜미를 물어뜯고 본때를 보여 주는 것. 수혁이 참살이404병을 깨트리리라는 예상을 깨고 라벨지를 반으로 가르던 그 순간, 불안감이 찾아왔던 이유를 소영은 어느새 깨닫게 되었다. 맹목적인 애사심 아래에 깔려 있었던 건 충성을 빙자한 증오였다. 사람 좋게 웃는 얼굴 아래로 철저히 숨겨 왔던, 높은 분들을 향한 열등감.

마침내 제자리를 찾은 곤봉이 수혁의 머리를 부쉈다. 수혁은 제가 뜯어 먹던 회장 위에 그대로 엎어졌다. 진압 팀이 달려가 수혁의 시체를 떼어 내고 회장의 목을 살폈다. 분수처럼 솟구치는 피는 아무리 손바닥으로 막아 보아도 멈출 생각을 안 했다. 벌어진 목구멍에서 숨이 넘어가는 소리가 꺽꺽 울렸다. 서서히 붉어지는 회장의 눈이 소영을 노려보았다. 진압 팀은 연구원들을 부르고, 회장의 목에서 뿜어져 나오는 피를 어떻게든 지혈하려 애썼다.

방 한 칸에 갇혀 사는 인생들. 구해 줬더니 주제를 모르고. 소영은 회장의 눈에 담긴 의미를 읽을 수 있었다. 회장의 두 눈에서 핏물이 주르륵 흘렀고, 삐딱하게 찢어진 입술 사이로 핏덩이가 뿜어져 나왔다. 소영은 주먹을 쥐어 손에 닿는 모든 버튼을 내리쳤다.

연구동 전체가 어두워지고 비상등이 켜졌다. 복도 양쪽에 자리한 수많은 유리 방의 잠금장치가 시끄러운 소리를 내며 풀렸다. 제어에서 벗어난 방들은 입을 벌리는 짐승들처럼 문을 벌컥벌컥 열어젖혔다.

유리 벽 너머에 갇혀 있던 좀비들이 쏟아져 나오기 시작했다. 소란을 듣고 달려오던 연구원들이 비명을 질렀다. 진압 팀이 무자비하게 좀비들을 내리쳤다. 소영은 진압 팀 중 한 명에게 몸을 날렸고 그의 곤봉은 저 멀리 구석에 처박혔다. 보영이 저 곤봉에 으스러지게 내버려 둘 수는 없었다. 무기를 빼앗긴 자의 주먹이 소영의 배를 강타했다. 소영은 쓰러져 바닥을 기었다. 헛구역질을 하는 와중에도 똑똑히 감지할 수 있었다. 연구원들의 비명과, 흩어지는 살점과, 목이 기괴하게 꺾인 자세로 비틀거리며 일어나는 회장의 모습을.

소영은 배를 움켜쥐고 구석에 처박힌 곤봉을 들
었다. 회장이 피를 토하며 다가왔다. 붉은 가운이
라 원래의 색이 남은 부분과 피로 물든 부분을 구
분할 수 없었다. 회장이 본격적으로 이빨을 드러
낸 순간, 소영은 온 힘을 다해 회장의 머리를 내리
쳤다. 인간의 머리는 생각 외로 단단했다. 한 번, 두
번, 세 번. 얼굴에 뜨거운 피가 튀었다.

가운을 나풀거리며 피 웅덩이 위로 쓰러지는 회
장을 눈에 담은 소영은 처참한 살육이 벌어지고 있
는 복도를 내달렸다.

보영이 갇혀 있던 방의 문도 역시 활짝 열려 있
었다. 나뭇가지처럼 바싹 마른 보영은 느리지만 분
명하게 발을 내디디며 걷고 있었다. 그 앞에 도달
한 소영은 거칠게 숨을 쉬었다. 이제 끝이었다. 보
영은 자신을 어떻게 죽일까? 소영은 보영이 자신
을 잘근잘근 씹어 먹기를 바랐다. 발가락부터 입에
넣어 발목을 씹어 삼키고, 몸통을 조각내 그 안에
든 것들을 한입에 밀어 넣고 머리까지 으깨 버리기
를 바랐다. 끄으으어억. 보영이 내뱉는 울음소리가
코앞까지 다가왔다. 피비린내와 시체 썩은 냄새가
동시에 코를 찔렀다. 그리고, 거짓말처럼 보영은
소영을 지나쳐 걸었다.

눈을 질끈 감고 최후를 맞이할 준비를 하고 있던 소영이 눈을 뜨고 멍청하게 입을 떡 벌리는 동안, 보영은 소영의 존재조차 인식하지 못한 듯 그저 복도를 걸었다. 비명 소리가 난무하고 피가 사방에 뿌려지고 찢긴 내장과 눈알들이 널브러졌지만, 그 어떤 것도 보영을 막을 순 없었다.

좀비에게 물어뜯긴 이들은 피가 뿜어져 나오는 상처를 짓누르며 밖으로 달려 나갔다. 그들 중 일부의 눈은 이미 붉은색으로 변하는 중이었다. 그들이 뛰어간 저 멀리서 새로운 비명 소리가 들렸다. 아수라장이 된 하얀 등대 속에서, 소영은 보영의 뒤를 따라 걸었다.

보영을 따라 계단을 내려가고 사무실이 있는 층으로 향하는 동안 소영은 제가 무슨 일을 저질렀는지 뒤늦게 알아차렸다. 길을 잃고 헤매는 이들의 목에 사원증을 걸어 주고 보살피던 보금자리는 좀비 소굴로 변해 버린 지 오래였다. 하얀 대리석 바닥 위로 끊어진 팔다리가 시야를 어지럽혔고, 소름 끼치는 비명에 머리가 쪼개질 듯이 아팠다. 보영을 따라가는 짧은 여정 속에서 소영은 먹잇감을 찾는 좀비 세 마리와 마주쳤고, 마지막 싸움에서 결국 손목을 물리고 말았다.

고난을 무릅쓰고 쫓아갔기에 보영의 목적지가 고작 사무실, 그가 하루 종일 시간을 보내던 곳이라는 사실을 알게 되자마자 소영은 맥이 탁 풀렸다. 보영은 비틀거리며 창가를 향해 걸었고, 소영의 물건들이 난잡하게 흩어져 있는 책상 앞에 앉았다. 볕이 잘 드는 자리였다. 보영이 고집하던 자리.

그게 전부였다, 보영의 욕망은. 유난히 햇볕이 잘 드는 자신의 책상을 되찾는 것.

멀리서 좀비가 우는 소리가 들렸다.

소영은 피가 줄줄 새는 손목을 붙잡고 잠시 보영의 앞에 서서 숨을 골랐다. 후회하지 않느냐고 묻고 싶었다. 자신의 목을 물어뜯지 않고 책상에 앉아 햇빛을 즐기기만 해도 충분하냐고 묻고 싶었다. 만약 물었다 해도, 돌아오는 답은 뻔했을 것이다.

소영은 사무실 밖으로 나가 문을 잠갔다. 그 누구도, 어떤 좀비도 보영의 시간을 방해할 순 없었다. 보영은 그 자리에서 햇빛에 서서히 말라 가면 되었다.

뭐 하나 제대로 하는 게 없네, 소영아. 그러니까 네가 그냥 소영인 거야. 보영이 될 수 없는 거야. 평생 그냥 소영으로 살다가 죽는 거야. 어디선가 카랑카랑한 목소리가 들렸다.

좀비에게 물린 손목이 자기 마음대로 꿈틀거린다. 목구멍에 뜨거운 것이 차는가 싶더니 흰 복도 위로 피가 쏟아졌다. 소영은 주저앉으면서 숨을 몰아쉬었다. 좀비들이 부르짖는 알아들을 수 없는 외침이 쩌렁쩌렁하게 울려 퍼지는 가운데, 소영을 향한 카랑카랑한 목소리는 쉬지 않고 중얼거렸다. *너 때문이야, 너 때문에 이렇게 됐어. 다 좀비 소굴이 됐다고. 다 죽게 생겼다고. 어쩔 거야?*

목소리가 낄낄대고 웃을 때마다 심장이 쿵, 쿵 느리지만 크게 뛰었다. *아직 늦지 않았어, 난 널 용서할 수 없어. 움직여, 움직여, 움직여.* 가만히 목소리를 듣고 있으니 손끝이 저릿했다. 온몸 구석구석에 퍼져 있는 모세혈관들까지 쥐어짜 내는 감각이 전신을 삼켰다. *이렇게 끝나 버린다면 난 널 평생 저주할 거야, 네 영혼이 지옥에 처박히길 기도할 거야.* 손바닥에 얼굴을 묻고 숨을 고르면 어김없이 피가 쏟아졌다. 눈에서, 코에서, 입에서 검붉은 피가 줄줄 흘러나와 손바닥에 고였다. 소영은 마지막에 가까워지고 있음을 본능적으로 알았다. 영원히 폭주하는 이가 되어 가는 과정은 생각보다 더 비참했다.

한 가지 욕망이, 스스로에게 분노하고자 하는 뚜렷한 목소리만이 소영의 곁에 남은 유일한 것이었다. *달려, 달려, 달려.* 소영은 기꺼이 그 목소리에 순응했다. 덤벼드는 좀비들을 피해 소영은 달렸다.

식당 조리실에서 훔쳐 온 기름통은 너무 무거웠다. 통을 질질 끌며 연구동으로 돌아가는 동안 소영의 몸은 물어뜯기고 찢겨 너덜너덜해졌다. 뜯긴 허리에서 무언가 튀어나와 바닥에 질질 끌리고 있었다. 발을 내딛는데 몸이 자꾸만 무거워졌다. 붉어지는 시야 때문에 몇 번이나 휘청거렸다. 다행히 참살이404로 가득한 박스들이 쌓여 있는 공간을 찾을 순 있었다. 소영은 무거운 박스를 간신히 들어 바닥에 떨어트렸다. 병이 손에 잡히는 대로 벽을 향해 내던졌다. 깨진 유리 조각을 짓밟으며 던지고 또 던졌다. 마침내 온 바닥이 참살이404로 흥건하게 물들었을 때, 소영은 천천히 빈 종이 박스들 위로 기름을 쏟아부었다.

마지막이야, 할 수 있는 일을 해. 끝까지 버텨, 사람 구실을 해. 고개를 끄덕이면서 빈 기름통을 던졌다. 조각난 검은색 병, 그 겉을 감싸고 있는 초록색과 금색의 라벨들. 한때 소영을 구원하고 축복을 내려 주었던 것들.

참살이404가 물으시되, 나의 백성아 네가 어찌하여 나를 배반하고 내 속에서 안식을 찾지 못하느냐. 소영은 품속에서 꺼낸 라이터를 켜 공중으로 던지면서 마지막 기도를 드렸다. 아멘.

불길이 금세 피어올랐다. 뜨거운 열기가 얼굴을 덮쳐 소영은 본능적으로 뒤로 물러났다. 화염 아래로 사라지는 참살이404의 흔적을 마지막으로 죽 훑어보고, 여전히 아수라장인 복도에 그제야 몸을 눕혔다. 대자로 팔과 다리를 뻗고 누운 소영의 입가에 미소가 번졌다. 삐뚤어진 각도로 입꼬리가 올라가는 미소가 아니라, 진짜 소영의 미소. 스스로를 조롱하고 비웃던 목소리가 서서히 멀어진다.

소영은 그렇게 다가올 죽음을, 심장이 멈출 그 순간을 편안히 기다렸다.

작가의 말

　〈좀비즈 어웨이〉는 2018년 안전가옥에서 주최한 '남들은 한창 좋을 때라는데 정작 나는 뭐가 좋은지 하나도 모르겠어서 일단 끄적인 이야기를 내면 되는 공모전'에 제출했던 작품이다. 2018년의 나는 정말 뭐가 좋은지 모르겠어서 연정이와 성하를 통해 위안을 찾을 수밖에 없었다. 지금의 나에겐 내일 보자고 인사를 나누고 싶은 사람이 아주 많다. 그때의 나처럼 남들은 좋을 때라는데 도무지 뭐가 좋은지 모르겠다고 생각하는 사람들에게 내 이야기가 조금이라도 위안이 되었으면 좋겠다.

〈피구왕 재인〉은 딱 하나의 질문에서 시작된 작품이다. 피구를 하는 학생들 사이로 피구공 대신 사람 머리가 날아온다면? 잔인하고 고통스러운 상상 속을 무사히 달려 주고 견뎌 준 재인이와 혜나에게 고맙단 말을 전하고 싶다. 〈참살이404〉를 쓸 때는 참살이404병이 얌전히 내 손에 쥐어져 있는 모습을 자주 그려 보곤 했다. 여전히 참살이404를 마시는 나를 상상할 때가 많다.

기괴하고 끔찍한 장면을 떠올리고 그런 장면을 자세히 묘사하는 걸 좋아하지만, 가혹한 순간에도 인간성을 잃지 않으려고 노력하는 사람들의 모습 또한 좋아한다. 피 웅덩이 속에서도 서로에게 손을 내미는 사람들을 아낀다. 극한의 상황에 처했지만 인간다움을 놓지 않고 서로를, 자신을 지키려고 하는 사람들. 앞으로도 계속 그런 사람들의 이야기를 쓰고 싶다.

원고를 함께 읽어 주고 고민해 주는 소중한 친구들, 가족들, 이야기가 세상에 나올 수 있도록 먼저 손 내밀어 준 안전가옥의 모든 분들, 세심하게 글을 살펴 준 이혜정 편집자님께 감사한 마음을 전하고 싶다. 그리고 긴 시간 동안 함께한 이은진 PD님과 박혜신 PD님께 깊은 감사를 드린다. 두 분이 아니었다면, 걱정 많고 부족한 나는 결코 이야기를 완성하지 못했을 것이다.

작가의 말

프로듀서의 말

《좀비즈 어웨이》는 안전가옥 쇼-트 시리즈의 열두 번째 책이자, 배예람 작가님의 첫 번째 단편집입니다. 표제작인 〈좀비즈 어웨이〉는 안전가옥이 2018년에 진행했던 '남들은 한창 좋을 때라는데 정작 나는 뭐가 좋은지 하나도 모르겠어서 일단 쓴 이야기를 내면 되는 공모전(일명 남정일 공모전)'에 응모된 약 100여 편 중에 선정한 단 한 작품입니다.

〈좀비즈 어웨이〉는 좀비 아포칼립스 세계관과 로드 무비가 결합된 이야기입니다. 좀비 아포칼립스 세계는 인물들이 인간성을 잃기 시작하는 순간 조금 더 혹독해집니다. 〈좀비즈 어웨이〉는 좀비가 창궐했을 뿐 아니라 사람들이 좀비 고기를 먹고, 점수를 얻기 위해 좀비를 사냥하는 세계를 그리고 있습니다. 이러한 세계 속에서 무기력에 빠진 주인공과 머리와 팔만 남은 좀비의 동행이 얼마나 위태로울지 짐작하기란 어렵지 않습니다.

이 작품은 좀비 바이러스 창궐로 인해 인류애를 찾아보기 힘들어진 혹독한 세상 속에서도 마무리 지어야 하는 것, 인간으로서 지켜야 하는 것, 우리 안에 여전히 살아 있어야 할 것은 무엇인지 질문을 던집니다. 그리고 특별한 동행을 이어 갔던 두 주인공은 인간으로서 지켜야 할 한 가지를 마침내 깨닫기에 이릅니다.

공모전 응모작 심사 당시 한 심사 위원은 이런 평을 썼습니다.

프로듀서의 말

〈좀비즈 어웨이〉는 조금은 특별한 동행을 통해 파멸이 아닌 일종의 구원의 길을 걷는다.'

작품을 읽는 사이 우리는 너무도 당연히 이러한 의문들을 떠올리게 됩니다. 사람들이 좀비가 되는 일을 피하기 위해 좀비 고기를 먹는 세상에서 그림 한 점에 무슨 의미가 있을까. 상황이 이렇게도 참혹한데 자화상을 완성하는 것이 과연 중요한 일일까. 그러나 성하는 '자화상을 완성하는 것'이 일종의 구원이나 다름없다는 메시지를 전합니다. 자신의 얼굴을 담은 그림에 고집스러울 만치 몰두한 성하는 결국 그 그림을 통해 스스로와 더불어 오랜 길동무였던 연정에게도 희망을 선사합니다.

배예람 작가의 좀비 아포칼립스에서는 느닷없이 잘린 머리가 날아오는 등 잔인한 사건이 난무합니다. 하지만 하나같이 인간적인 감정을 깊이 있게 다루고 있어 그저 잔혹한 상상력에만 주목하기에는 아까운 이야기들입니다.

재인이 방금 제 손으로 죽인 후배의 이름을 속으로 되뇌며 왈칵 울음을 터뜨리는 장면, 유능한 회사원이 되고 싶어 했던 보영이 좀비가 되어서까지도 그 소망을 잊지 못해 사무실 한구석의 자기 자리를 찾아가는 장면, 피구에 소질이 없는 재인이 자신의 나약함을 딛고 소중한 사람을 구하고자 좀비들을 향해 마지막 공을 던지는 장면 등에는 우리가 충분히 공감할 만한 정서가 잘 드러나 있습니다.

이 단편집에는 총 세 편의 이야기가 실려 있습니다. 좀비 바이러스가 이제 막 퍼져 나가기 시작한 시점에 한 고등학교에서 벌어진 이야기를 다룬 〈피구왕 재인〉, 좀비 창궐로 세계가 초토화되어 버린 시점의 이야기를 다룬 〈좀비즈 어웨이〉 그리고 앞선 두 이야기의 출발점이 되는 〈참살이404〉입니다. 세 이야기는 〈참살이404〉, 〈피구왕 재인〉, 〈좀비즈 어웨이〉의 순으로 느슨하게 연결되어 있습니다.

배예람 작가님의 매력적인 단편 〈좀비즈 어웨이〉 덕분에 지금의 단편집을 기획할 수 있었습니다. 작가님께 이토록 잔인하면서도 따뜻한 이야기를 써 주셔서 감사하다는 마음을 전합니다. 그리고 고어물을 잘 보지 못함에도 불구하고 매번 작품을 리뷰하고 귀한 의견 나눠 주신 박혜신 프로듀서님, 고생 많으셨습니다.

독자 여러분께 부디 이 세 편의 이야기가 강렬하고도 신선한 자극을 선사하길 바랍니다.

안전가옥 스토리 PD
이은진 드림

프로듀서의 말

좀비즈 어웨이

지은이	배예람
펴낸이	김홍익
펴낸곳	안전가옥
기획	안전가옥
프로듀서	박혜신 · 이은진
	김보희 · 이수인 · 임미나
퍼블리싱	김하얀 · 박혜신 · 임수빈
편집	이혜정
디자인	금종각
서비스 디자인	김보영
비즈니스	이기훈
경영지원	홍연화
출판등록	제2018-000005호
주소	(04779) 서울특별시 성동구 뚝섬로1나길 5,
	헤이그라운드 성수 시작점 202호
대표전화	(02) 461-0601
전자우편	marketing@safehouse.kr
홈페이지	safehouse.kr
ISBN	979-11-91193-47-3
초판 1쇄	2022년 3월 31일 발행
초판 4쇄	2025년 2월 4일 발행

안전가옥 쇼-트 시리즈